蒼天航路

"하늘을 뚫어 길을 만들다"

서 문

대한민국의 사립대학교는 수십여 개의 성상을 거쳐 작금에 이르러 학령인구 급감등 가장 큰 위기에 봉착하였다. 이러한 위기인식은 재정절벽과 구성원들의 임금삭감 이라는 논란과 우려에서 가일층 점화되고 있다.

구성원들은 절망의 눈빛과 안타까운 심정으로 대학당국을 바라보고 있을 뿐만 아니라 곳곳의 구태들을 묵시할 수밖에 없는 현실적 유리 현상에 차라리 눈을 감을 수밖에 없었다. 그러나 각 대학들은 연차가 낮은 교수들을 중심으로 대학이 생존을 위해 무언가 발버둥이라도 쳐야 한다는 인식이 확산되고 있다. 이러한 의식변화는 대학들마다 필수불가결하게 '제2의 건학' 이라는 계몽운동과 혁신운동으로 전체 교수사회에 이어지고 있다.

"우리는 지금 어디에 서 있는가?"
"우리는 어디로 가야 하는가?"
"우리는 그 곳에 어떻게 갈 수 있는가?"

여기에 답하기 위하여 대다수의 교직원이 참여하는 끝장토론과 수십 번의 팀별 토론이 수개월에 걸쳐 처절하게 수행될 때 이제 희망을, 가능성을, 자신감을 보게 될 것이다. 그후 구성원들은 대학의 재정이 희망적임을 알게 될 것이다.

성과 없는 일에 대한 재원배분과 방만한 예산집행을 척결하고, 비전을 달성하기 위한 성과지표 중심으로 대학의 모든 에너지를 결집한다면, 대학은 생존의 위기를 벗어나 번영의 길로 나아갈 것이라는 확신을 가지게 될 것이다. 구성원들의 염원과 고통이 담긴 혁신활동이 필요하며 그 결과물인 백팔번뇌의 혁신실행계획 수립과 그 집행을 통해 대한민국의 모든 대학이 그리고 우리 직장이 행복공동체가 될 수 있도록 성과경영을 이루는 대학으로 거듭나기를 엄정하게 바란다.

2020년 8월

저자 류 재 현 올림
신라대학교 행정학과 교수
신라대학교 대학원장

혁신기본계획의 성격

구상계획 scheme plan	혁신의 방향성, 가치, 범위, 방법 및 기준 등에 관한 규범적 계획으로 본 계획의 정향성을 탐구하는 계획
메타계획 meta-plan	혁신활동의 결과를 고양하기 위한 계획으로 본계획의 내용성을 담보할 뿐만 아니라 혁신체계의 수립과 혁신프로세스 및 혁신의 성공요소 등을 고려하는 계획
예비계획 pilot plan	혁신실행방안의 지침이 되는 계획으로 혁신실행계획인 본계획의 수립절차나 사전타당성 검토를 수행하는 계획
참여계획 participant plan	외부인에 의한 타발적 계획이 아니라 구성원의 주체적 자발성에 의한 계획으로 본계획의 문제인식 정확성, 문제해결의 실효성, 그리고 갈등해소의 사전처방성을 제고하는 계획

목 차

목 차

Innovation Scheme 1

제 1 부

逆水行舟

대학혁신총론

역수행주 "물을 거슬러 가는 배"

逆水行舟

제 1편
대학혁신의 본질

Ⅰ. 혁신이란?
Ⅱ. 대학혁신의 본질
Ⅲ. 대학혁신의 관점
Ⅳ. 대학혁신의 분야
Ⅴ. 대학혁신의 프레임워크

제 2편
대학혁신의 과정

Ⅰ. 혁신과정의 우선순위
Ⅱ. 혁신과정수행의 단계
Ⅲ. 성과경영으로의 이행
Ⅳ. 혁신운동의 확산

제 3편
비전혁신

Ⅰ. 대학환경변화의 메가트랜드
Ⅱ. 고객과 성과중심으로의 혁신
Ⅲ. SWOT환경분석
Ⅳ. SWOT전략분석
Ⅴ. 번영의 서클

Ⅰ. 혁신이란?

살아 남는 종(種)은 강한 종이 아니고
또 똑똑한 종도 아니다
변화에 대응하는 종이다

Charles Robert Darwin

It is not the strongest of the species that survives, nor the most intelligent, but the most responsive to change

II. 대학혁신의 본질

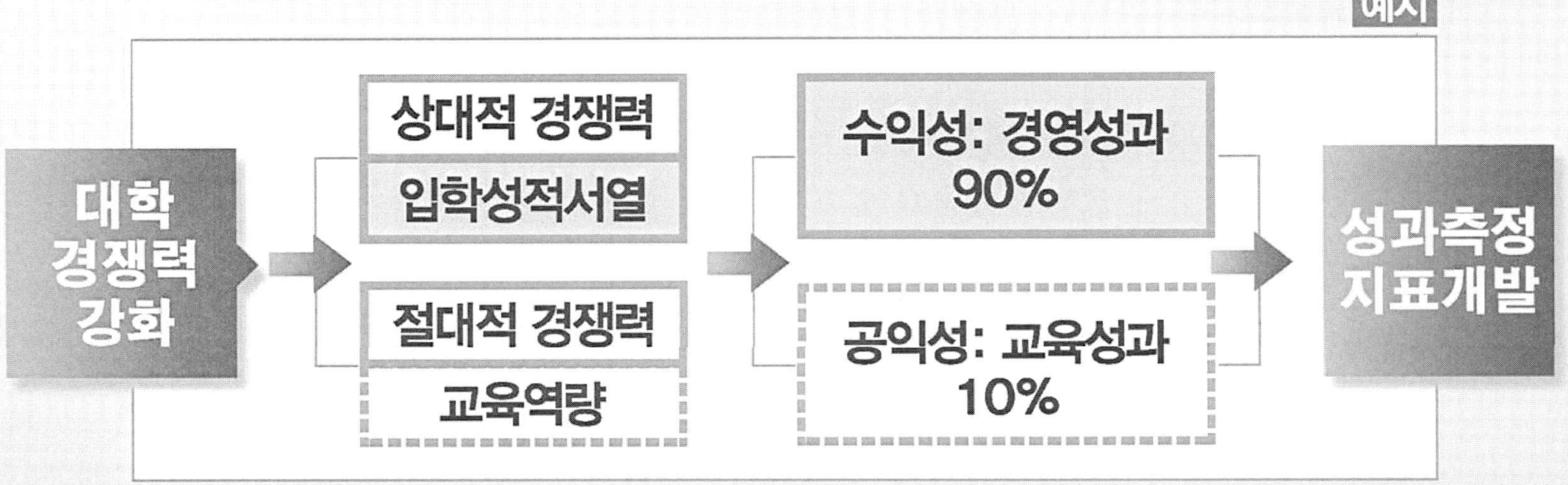

■ 부울경 지역에서의 상대적 입학성적 서열 향상이 시급함

Ⅲ. 대학혁신의 관점

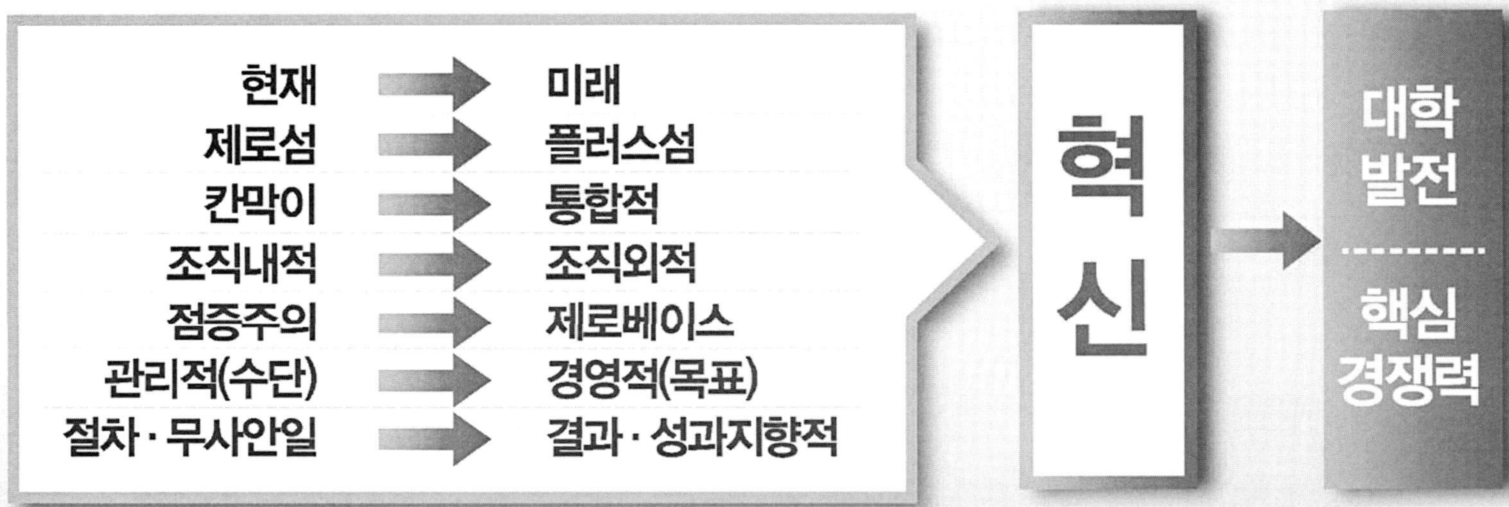

逆水行舟_ 05

Ⅳ. 대학혁신의 분야

V. 대학혁신의 프레임워크

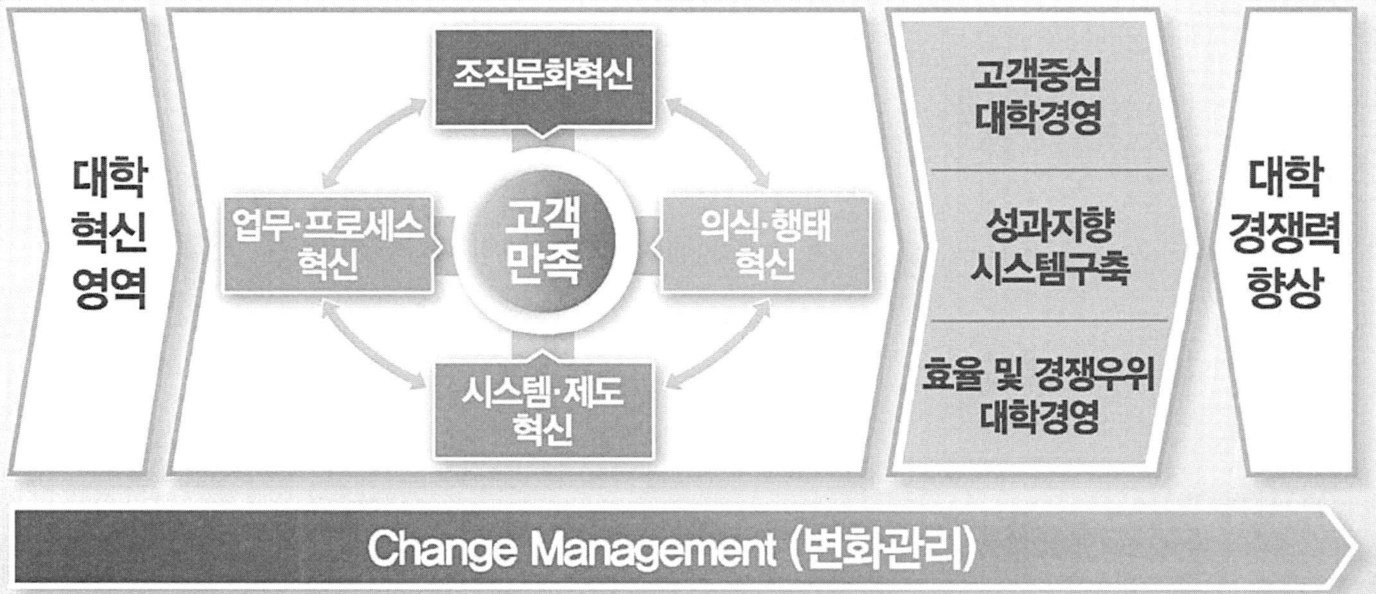

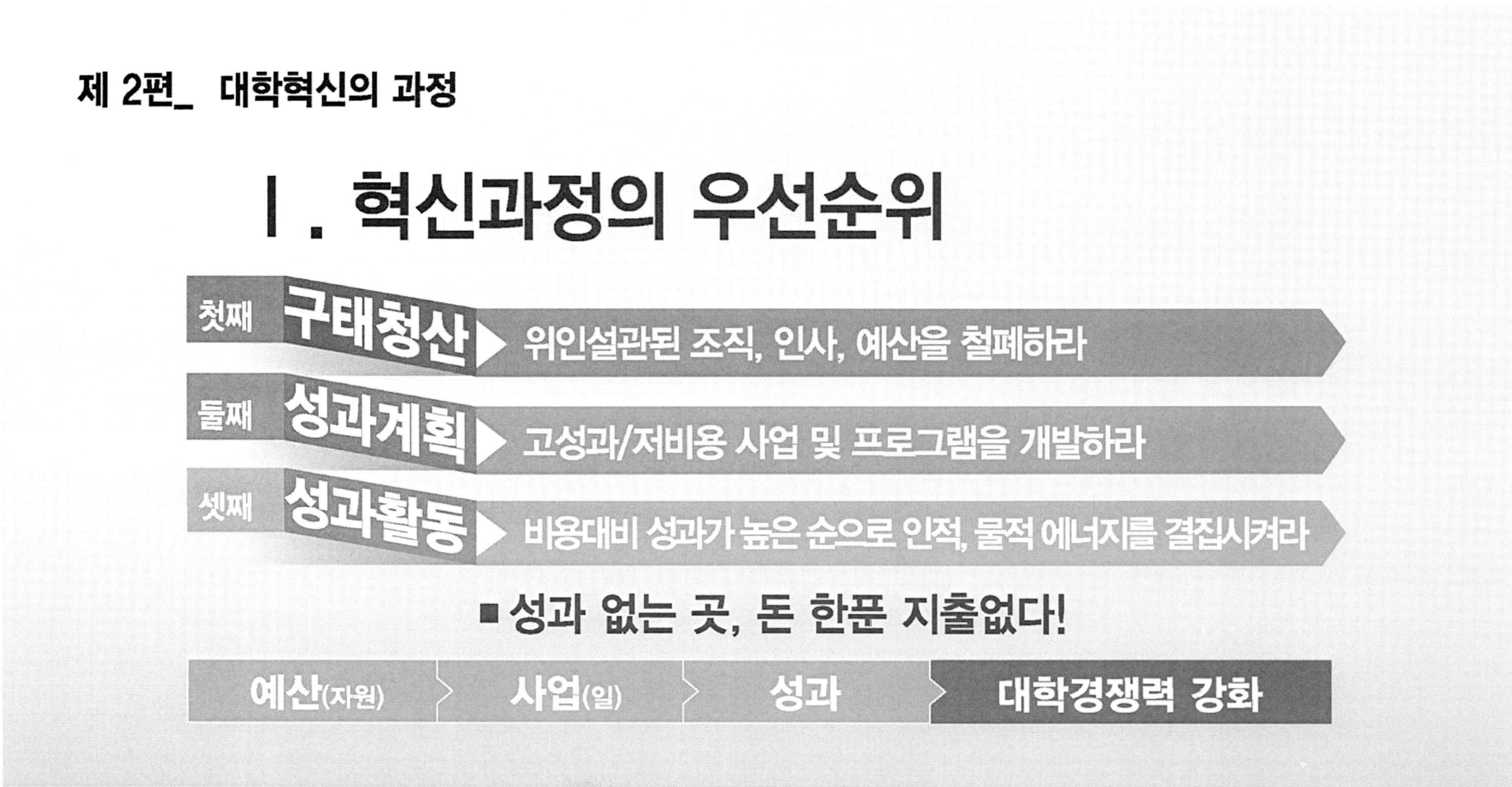
제 2편_ 대학혁신의 과정
Ⅰ. 혁신과정의 우선순위
첫째 구태청산 위인설관된 조직, 인사, 예산을 철폐하라
둘째 성과계획 고성과/저비용 사업 및 프로그램을 개발하라
셋째 성과활동 비용대비 성과가 높은 순으로 인적, 물적 에너지를 결집시켜라
■ 성과 없는 곳, 돈 한푼 지출없다!
예산(자원)
사업(일)
성과
대학경쟁력 강화

II. 혁신과정수행의 단계

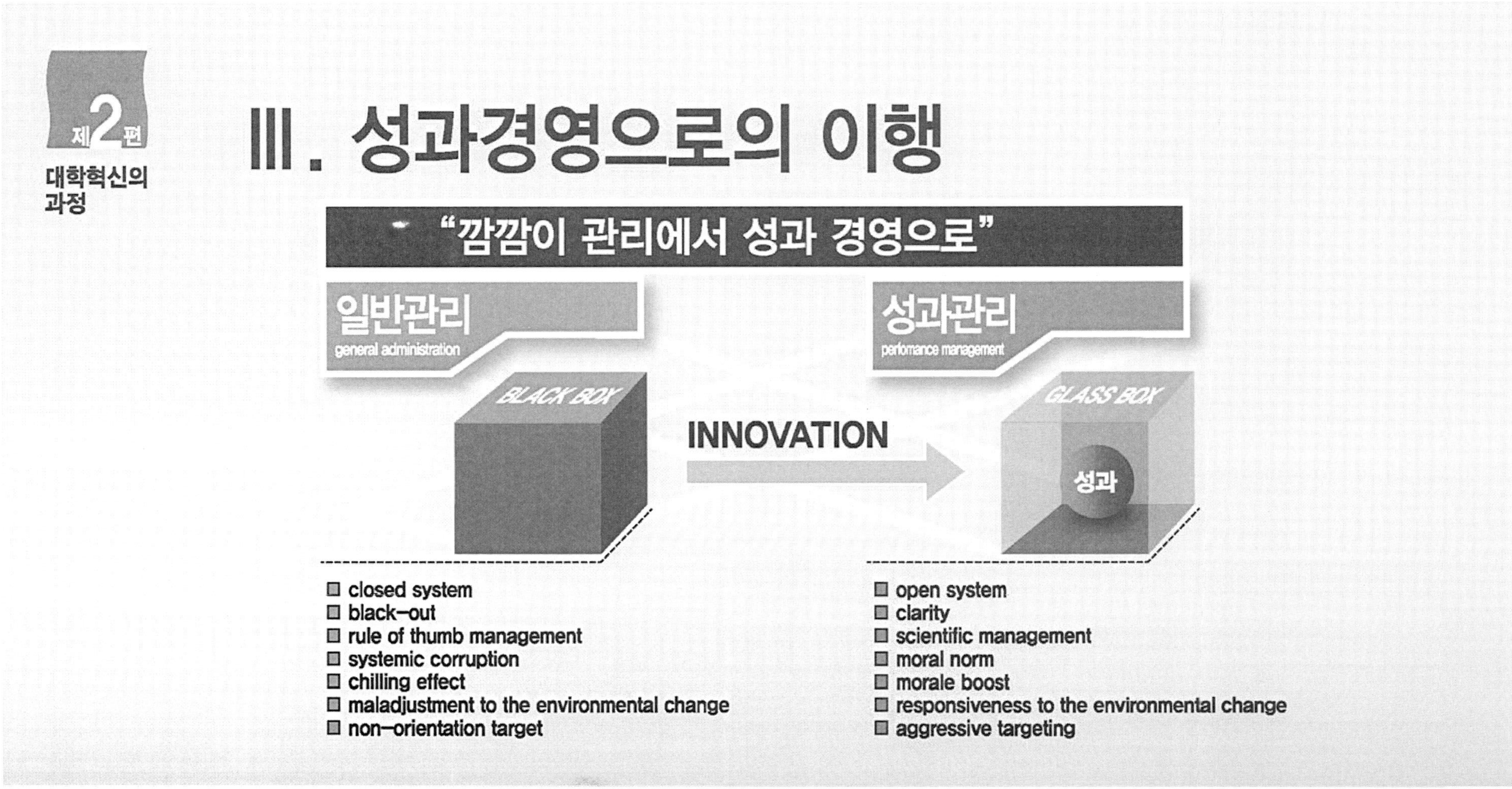
제2편
대학혁신의 과정
Ⅲ. 성과경영으로의 이행
“깜깜이 관리에서 성과 경영으로”
일반관리
general administration
성과관리
perfomance management
BLACK BOX
INNOVATION
GLASS BOX
성과
closed system
black-out
rule of thumb management
systemic corruption
chilling effect
maladjustment to the environmental change
non-orientation target
open system
clarity
scientific management
moral norm
morale boost
responsiveness to the environmental change
aggressive targeting

逆水行舟_ 10

Ⅳ. 혁신운동의 확산

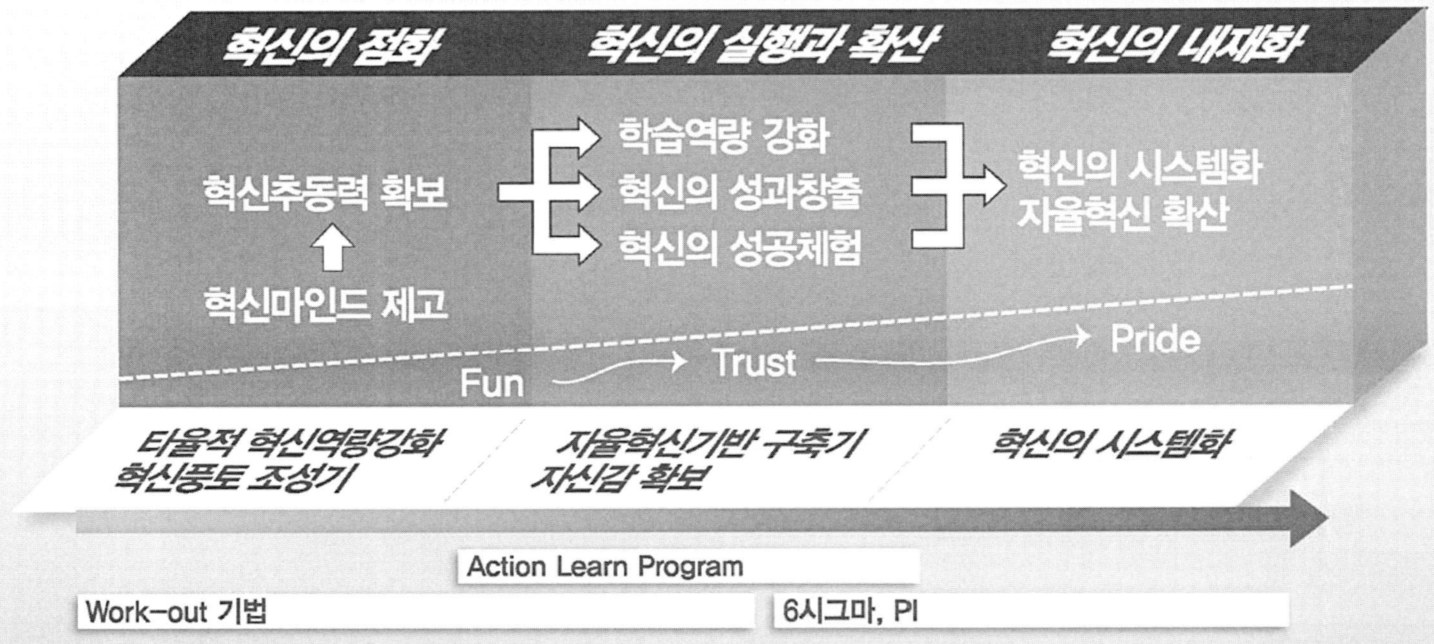
혁신의 점화
혁신의 실행과 확산
혁신의 내재화
혁신추동력 확보
혁신마인드 제고
학습역량 강화
혁신의 성과창출
혁신의 성공체험
혁신의 시스템화
자율혁신 확산
Fun
Trust
Pride
타율적 혁신역량강화
혁신풍토 조성기
자율혁신기반 구축기
자신감 확보
혁신의 시스템화
Action Learn Program
Work-out 기법
6시그마, PI

Ⅰ. 대학환경변화의 메가트랜드

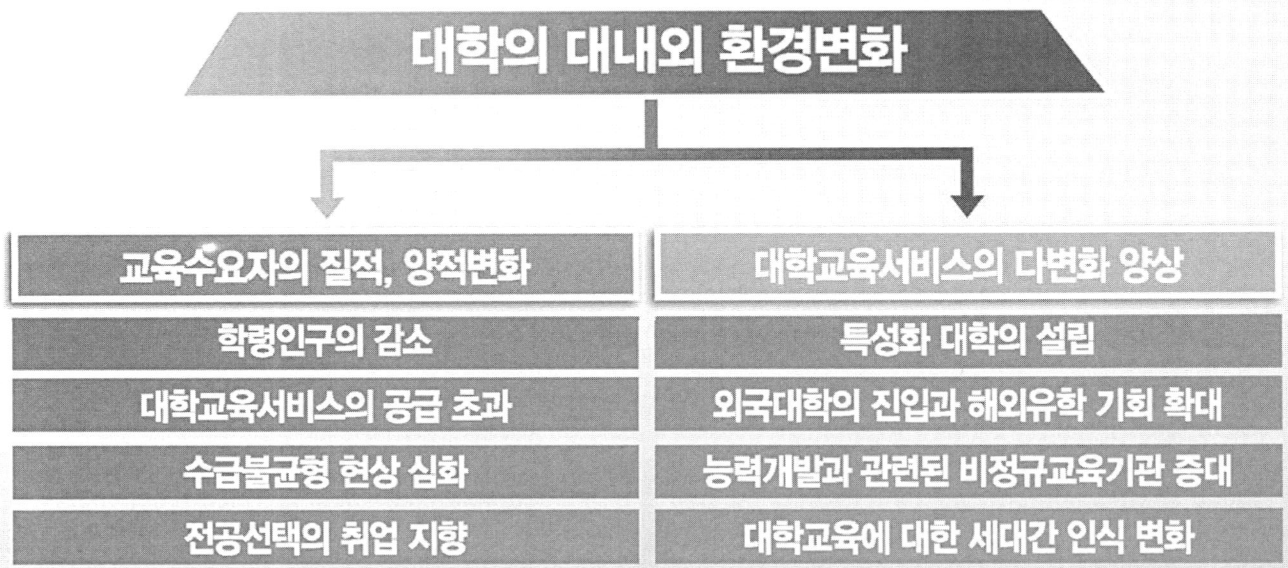

Ⅱ. 고객과 성과중심으로의 혁신

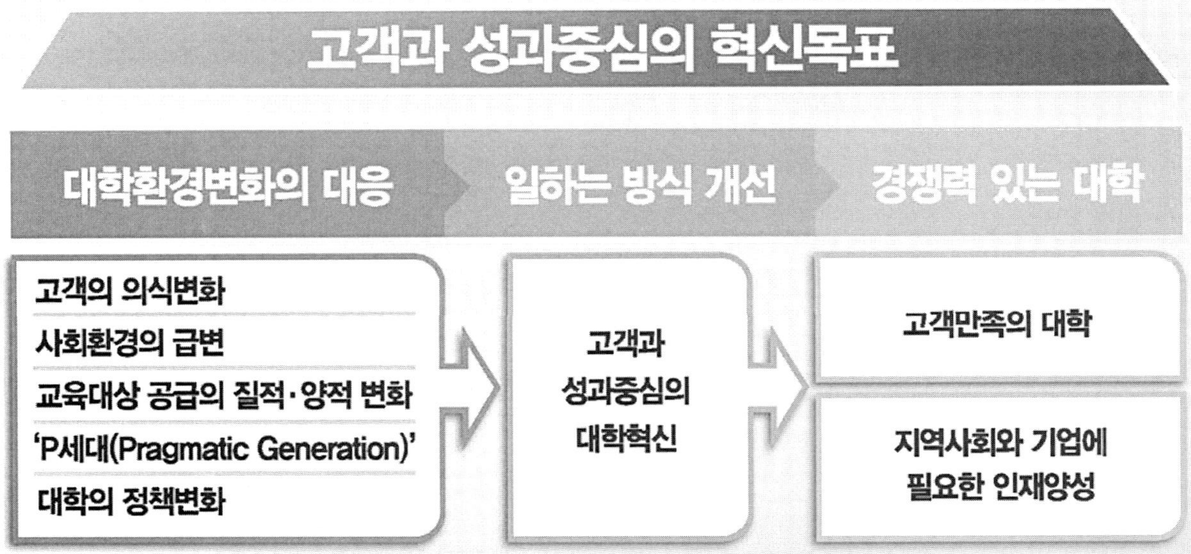

Ⅲ. SWOT환경분석

강점 Strength

- 서부산권의 관문이라는 사회지리적 이점
- 54만평이라는 광활한 캠퍼스 부지
- 웰니스시대에 부합하는 친자연적 에코환경
- 대학법인의 도덕성
- 외국인유학생 유치 선도대학과 경험
- 시책사업유치의 적극성과 시정부와의 네트워킹

Opportunity 기회

- 서부산시대 도래
- 고령화 사회에 따른 실버사업 수요급증
- 교육서비스사업의 패러다임 변화
- 글로벌교류의 다변화와 확대
- 웰니스적 대학부지개발 가능성과 부가가치성 증대
- 구성원들의 대학혁신욕구 확산

잠재력 · 현재 ↔ 미래 · 한계

약점 Weakness

- 대학발전의 주체성과 리더십 부재
- 대학브랜드의 인지도 약화와 인지부조화
- 교원과 직원 간의 현실인식 괴리와 이질감
- 입시경쟁력 퇴조의 가속화
- 구성원들의 정중지와의 보신주의
- 예산배분의 난맥상과 예산지출의 비합리성

Threat 위협

- 학령인구의 절대적 급감
- 청년실업문제의 사회적 구조화
- 교육부의 정책난맥상과 통제정책
- 경쟁대학들의 적극적 경영전략
- 우리대학 주변환경의 비활성화
- 교원과 직원 간의 미래인식 괴리확대

Ⅳ. SWOT전략분석

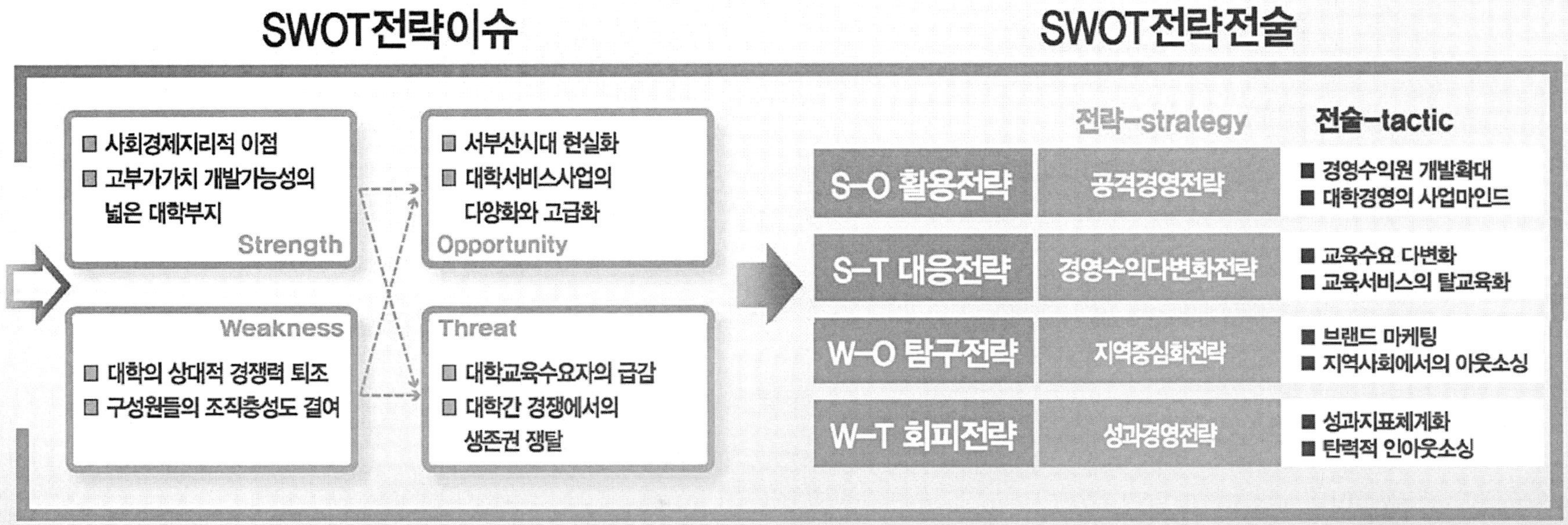
SWOT전략이슈
SWOT전략전술
□ 사회경제지리적 이점
□ 고부가가치 개발가능성의 넓은 대학부지
Strength
□ 서부산시대 현실화
□ 대학서비스사업의 다양화와 고급화
Opportunity
Weakness
□ 대학의 상대적 경쟁력 퇴조
□ 구성원들의 조직충성도 결여
Threat
□ 대학교육수요자의 급감
□ 대학간 경쟁에서의 생존권 쟁탈
전략-strategy
전술-tactic
S-O 활용전략
공격경영전략
■ 경영수익원 개발확대
■ 대학경영의 사업마인드
S-T 대응전략
경영수익다변화전략
■ 교육수요 다변화
■ 교육서비스의 탈교육화
W-O 탐구전략
지역중심화전략
■ 브랜드 마케팅
■ 지역사회에서의 이웃소싱
W-T 회피전략
성과경영전략
■ 성과지표체계화
■ 탄력적 인아웃소싱

Ⅳ. SWOT전략분석

1 '번영의 서클' "蒼天航路–하늘을 뚫어 길을 만들다"

'The Circle of Prosperity'

- 산학관네트워크 구조와 협업
- 지역혁신거버넌스 선도
- 대학–지역간 인아웃소싱

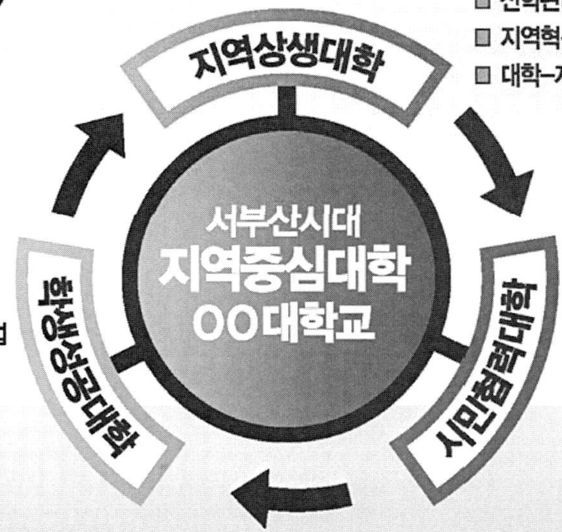

- 지역산업맞춤형 인재육성
- 1기업1학생 채용하기 운동
- 지역과 학생이 즐거운 캠퍼스 사업

- 시민에게 개방된 대학시설과 문화
- 사회적 서비스의 공급과 헌신
- 지역사회 개인과 기업과의 자매결연 확대

V. SWOT전략분석

2 비전과 전략 로드맵 "관리경영 ➡ 성과경영 ➡ 전략경영"

Innovation Scheme 2

제 2 부 百尺竿頭 재정혁신(안)

백척간두 "위태로움이 극도에 달함"

百尺竿頭

제 1편 재정혁신총론

Ⅰ. 혁신목표와 방향
Ⅱ. 혁신구조와 절차
Ⅲ. 혁신성과 활용방안

제 2편 예산제도혁신

Ⅰ. 예산제도 혁신방향
Ⅱ. 혁신예산제도
Ⅲ. 성과예산제도란?
Ⅳ. 성과예산제의 예산과정
Ⅴ. 성과예산제의 예산구조

제 3편 재정운용혁신

Ⅰ. 재정운용 혁신방향
Ⅱ. 재정운용혁신(안)
Ⅲ. 중장기재정계획

제 4편 구매제도혁신

Ⅰ. 구매제도 혁신방향
Ⅱ. 현행 구매제도의 역기능
Ⅲ. 구매제도혁신(안)

Ⅰ. 혁신목표와 방향

재정압박 해소
1
2
재정구조 효율화
혁신성과 공유화
4
3
감축관리 시스템화
성과지향
전략지향
고객지향
조직자원 통합관리
전략경영 체계구축

Ⅱ. 혁신구조와 절차

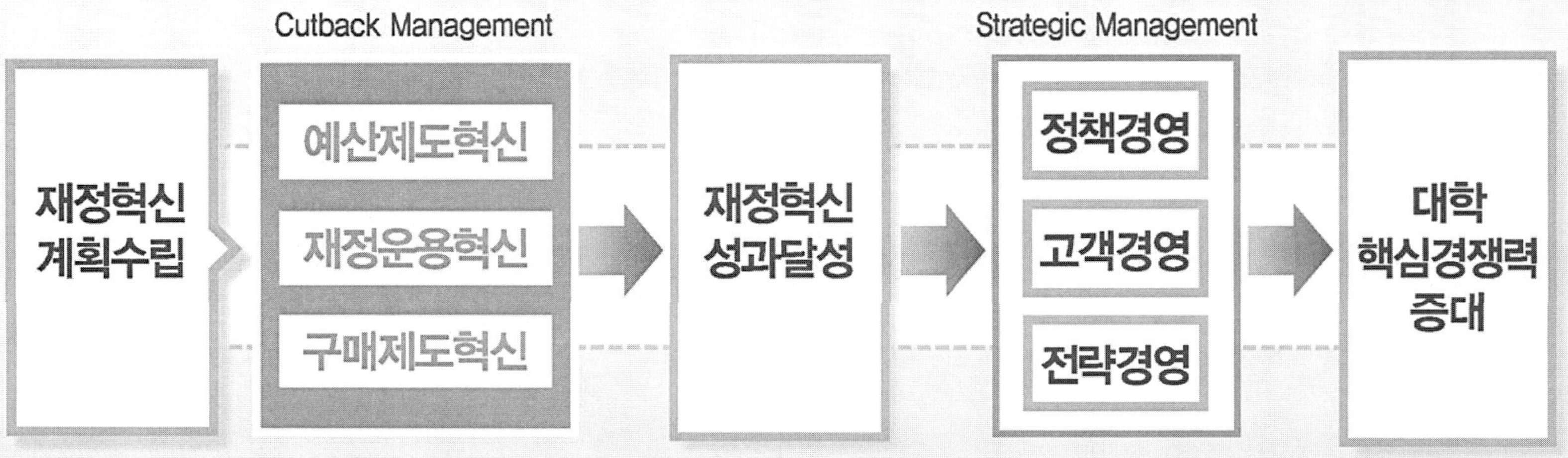
Cutback Management
Strategic Management
재정혁신 계획수립
예산제도혁신
재정운용혁신
구매제도혁신
재정혁신 성과달성
정책경영
고객경영
전략경영
대학 핵심경쟁력 증대

Ⅲ. 혁신성과 활용방안

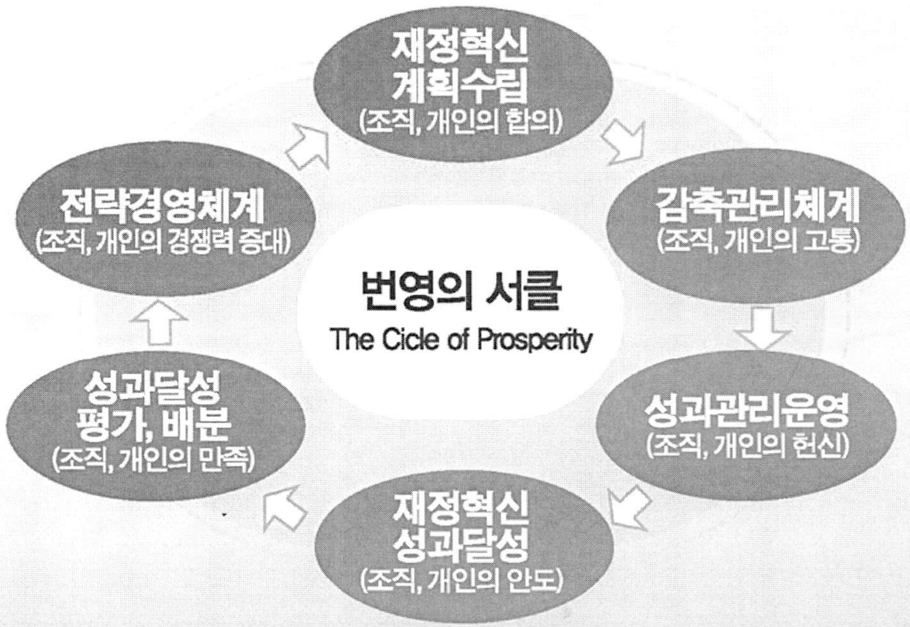

혁신효율성은 조직과 개인의 목표를
일치시키고 혁신성과를 공유하는,
즉 조직경쟁력(전략적 선택가능성)과
개인경쟁력(보수체계개선)을
동기유발시킴으로써 얼마만큼
핵심경쟁력을 증대시키느냐에 달려있다.

제 2편_ 예산제도혁신

Ⅰ. 예산제도 혁신방향

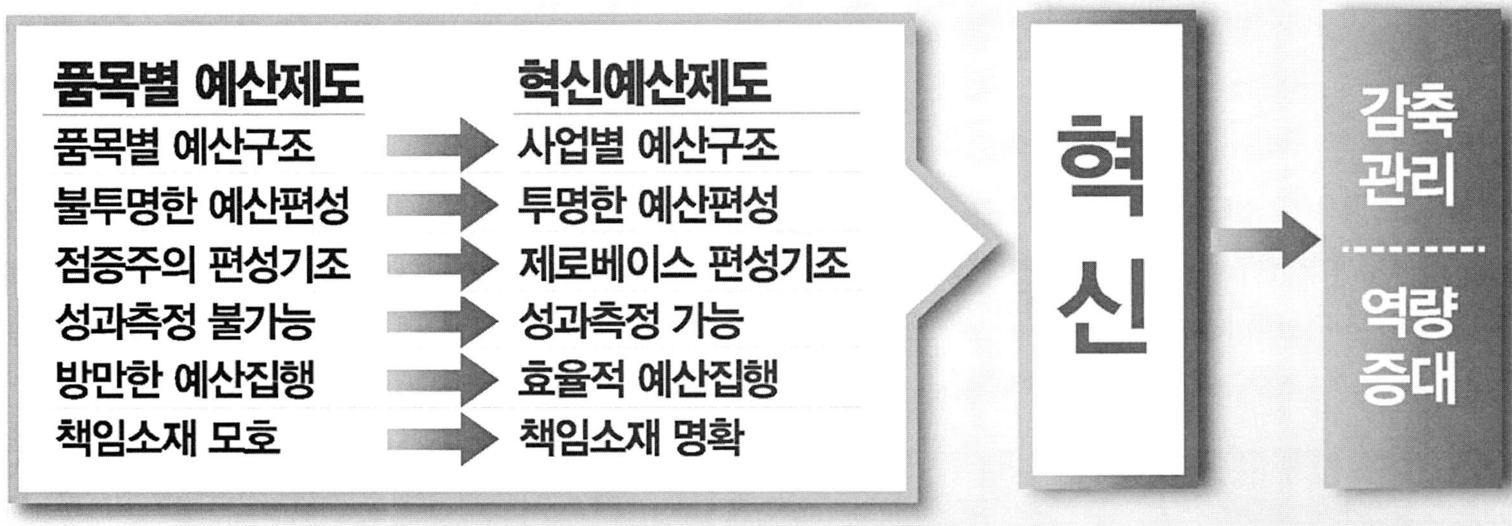

百尺竿頭_ 06

II. 혁신예산제도

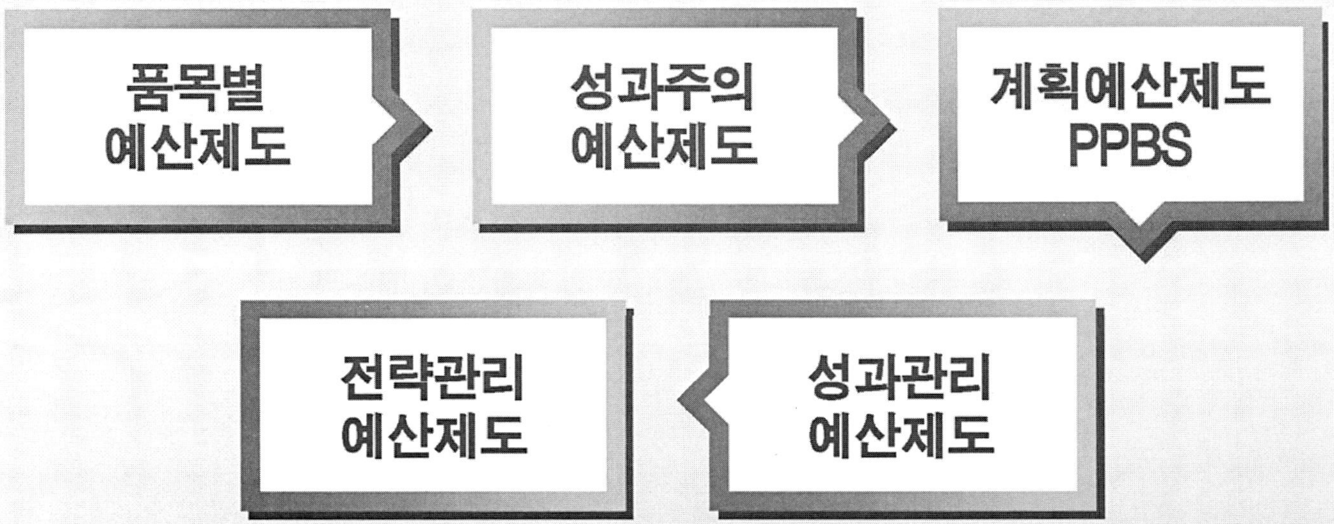

Ⅲ. 성과예산제도란?

점증주의 예산편성에 기초한 품목별예산제도를 지양하고 제로베이스 상태에서의 예산편성을 기초로 부서의 직무분석과 성과측정지표개발을 통하여 사업별로 예산을 편성하며, 예산집행과정에서도 MBO에 따르고, 집행결과를 성과측정지표 기준으로 평가하는 제도

Key word: 직무분석, 성과지표, 사업중심, MBO, 성과측정

Ⅳ. 성과예산제의 예산과정

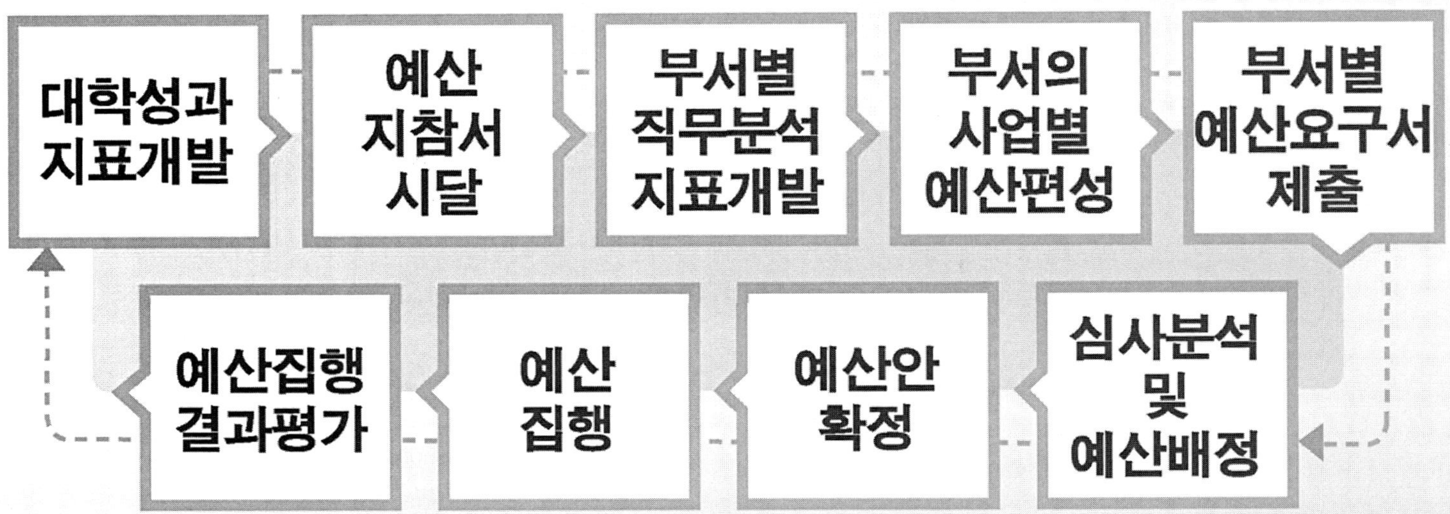

V. 성과예산제의 예산구조

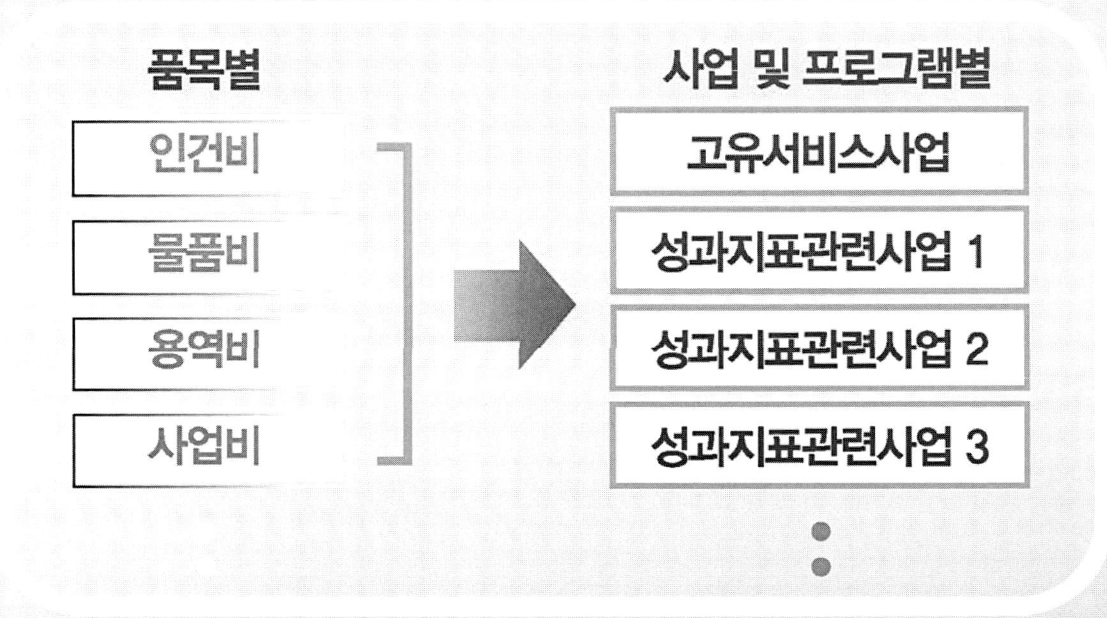

제 3편_ 재정운용혁신

Ⅰ. 재정운용 혁신방향

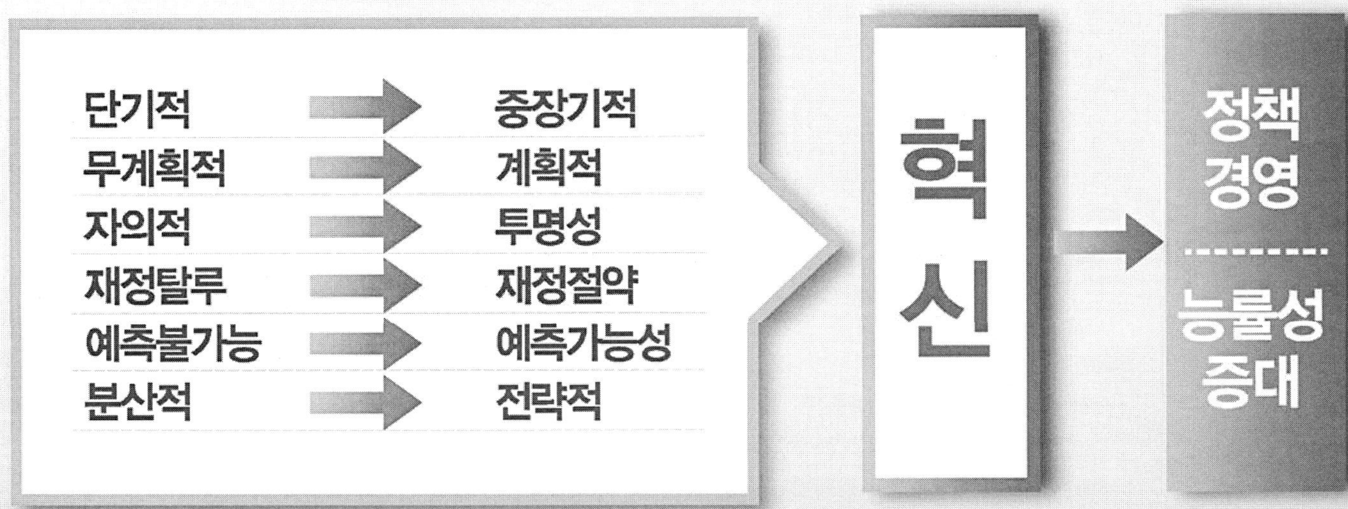

II. 재정운용혁신(안)

1안 재정운용진단

심사분석, 성과평가

"재정혁신은 현재에 대한
정확한 평가, 진단으로부터 시작"

- 목적: 대학 재정(예산) 변동에 대한 단기적 처방과 대응 그리고 중장기적 재정계획을 수립하기 위한 현 재정 운영 상황을 정확히 점검하여 문제점 파악
- 2015년도~2019년도 재정(예산) 운영을 기준 품목별 분석, 평가가 아닌 사업별, 업무별로 분석, 평가하여 재정 운영 상태 점검
- 이에 기초하여 재정 운영의 낭비 요소를 점검하여 과감하게 철폐하고, 재정 수업과 지출의 탄력성을 확보하여 중장기 재정계획 수립
- 심사분석, 성과평가, 성과관리, 성과감사를 담당하는 총장직속기구를 설립.

II. 재정운용혁신(안)

2안 단기운용방안

예산절감 자율지표 및 인센티브제

"감축관리제도의 도입으로 예산절감 시작"

목적: 예산 절감의 효과를 내실화 · 극대화하기 위해 예산절감 자율지표를 설정하여 자발적 예산절감 유도

각 학과별, 부처팀별 예산 절감을 위한 자율지표를 설정한 후, 전문가 평가 및 조정 이후 실질 예산에 반영 (※성과예산제와 연동하여 제도적 효과 극대화)

예산절감 자율지표에 따른 성과를 나타낸 학과 및 부처팀에 대한 예산인센티브(일출제) 혹은 개인별 포상(인사반영)을 통해 자율적 예산 절감 유도

기대효과: 대학 구성원의 예산절감 인식 제고를 통한 자율적 예산 절감 및 예산 운영의 책임성을 유도, 중장기적으로 예산절감 효과 제고

百尺竿頭_ 13

Ⅲ. 중장기재정계획

재정(예산) 운영에 대한 성과 평가 및 진단을 통해 불필요한 예산 항목과 액수를 과감하게 감축, 행정업무와 사업별 예산집행 결과를 성과별로 진단할 수 있는 제도적 시스템 정비

대학의 비전과 발전방향 및 전략과 연계하여 총장의 정책의지를 반영한 재정계획수립으로 정책경영 달성

기존 재정 TF나 관련 위원회를 통폐합하여 전문적 소양을 갖춘 「성과예산위원회」를 신설하여 상시적으로 재정운영 상황 점검

기존 항목별 · 품목별 예산을 업무별 · 사업별 예산으로 전환하여 중장기 재정계획을 수립하고, 체계적 재정운영 관리

Ⅰ. 구매제도 혁신방향

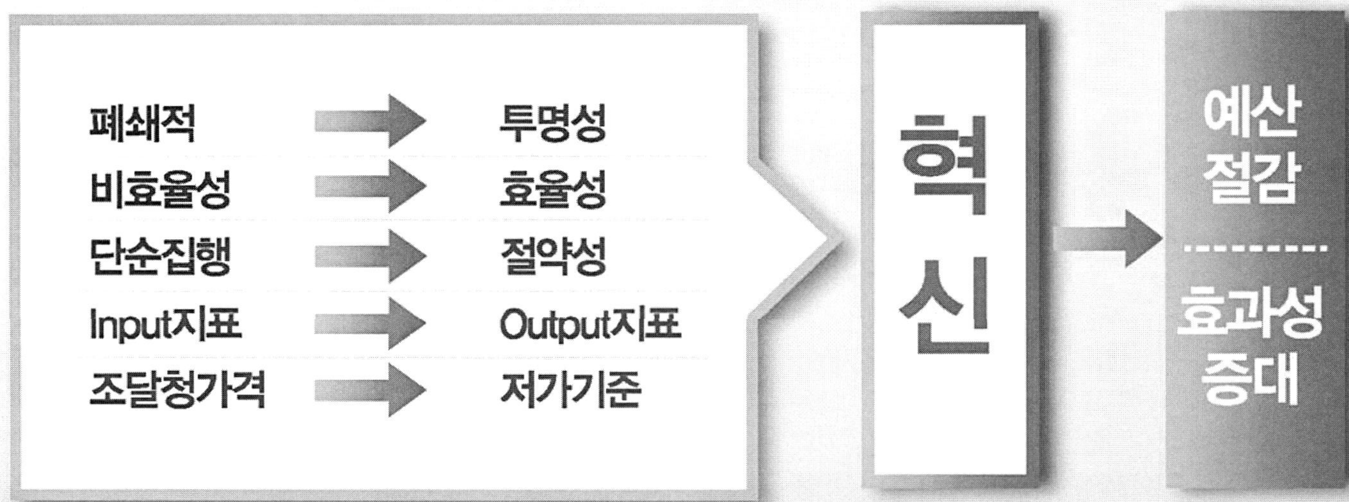
폐쇄적 → 투명성
비효율성 → 효율성
단순집행 → 절약성
Input지표 → Output지표
조달청가격 → 저가기준
혁신
예산 절감
효과성 증대

II. 현행 구매제도의 역기능

- 예산감추기 및 쪼개기 편성 집행으로 예산낭비
- 구매지출가격의 조달청가격 기준 구매집행
- 구매과정에서 담합가능성 존재
- 구매절차를 투명하게 관리하는 통제시스템 부족

Ⅲ. 구매제도혁신(안)

- 구매지출가격의 최저가격기준 적용
- 용역 및 물품 구매의 최저가입찰 유도
- 구매지출의 성과지표 개선효과 명시
- 총장직속의 감사위원회 상시 운영(내부감사 및 외부전문가감사 등)
- 중장기적으로 구매 및 용역사업을 「생협에게 위임하는 방안」 검토

Innovation Scheme 3

제 3 부

斥邪顯正

학사구조 · 교육과정 혁신(안)

척사현정 "거짓과 삿됨을 물리치고 올바름을 바로 세워야 할 때"

斥邪顯正

제 1편
학사구조 교육과정 혁신총론

Ⅰ. 혁신목표와 방향
Ⅱ. 혁신구조와 절차
Ⅲ. 혁신과정에서의 이해충돌

제 2편
학사구조 혁신방안

Ⅰ. 학사구조혁신의 목표와 방향
Ⅱ. 경쟁력 평가기준
Ⅲ. 혁신절차

제 3편
교육과정 혁신방안

Ⅰ. 교양과정혁신의 목표와 방향
Ⅱ. 졸업학점 다운사이징
Ⅲ. 학사단위별 전공과목 다운사이징

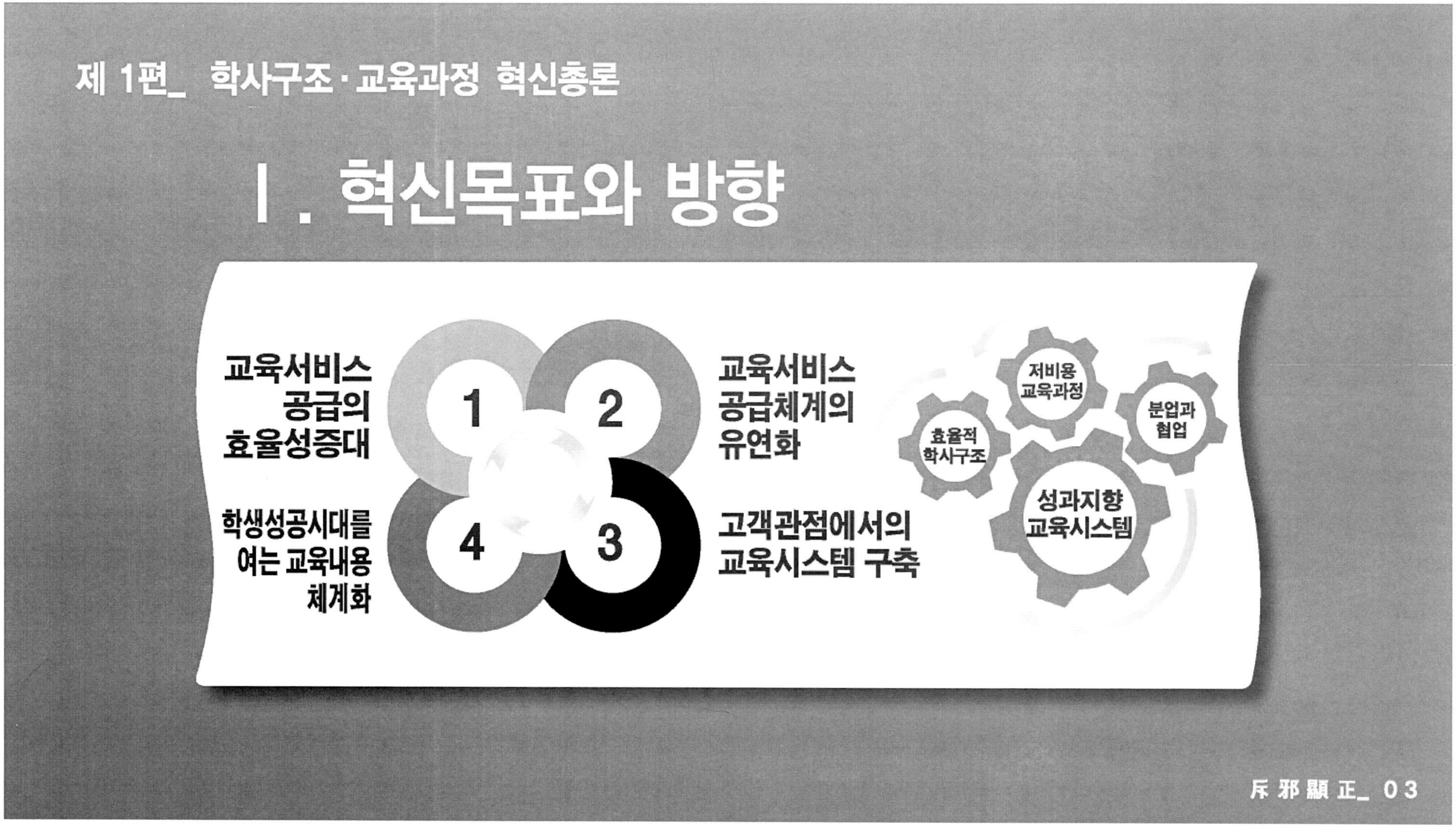
제 1편_ 학사구조·교육과정 혁신총론
Ⅰ. 혁신목표와 방향
교육서비스 공급의 효율성증대
1
2
교육서비스 공급체계의 유연화
학생성공시대를 여는 교육내용 체계화
4
3
고객관점에서의 교육시스템 구축
효율적 학사구조
저비용 교육과정
분업과 협업
성과지향 교육시스템
斥邪顯正_ 03

II. 혁신구조와 절차

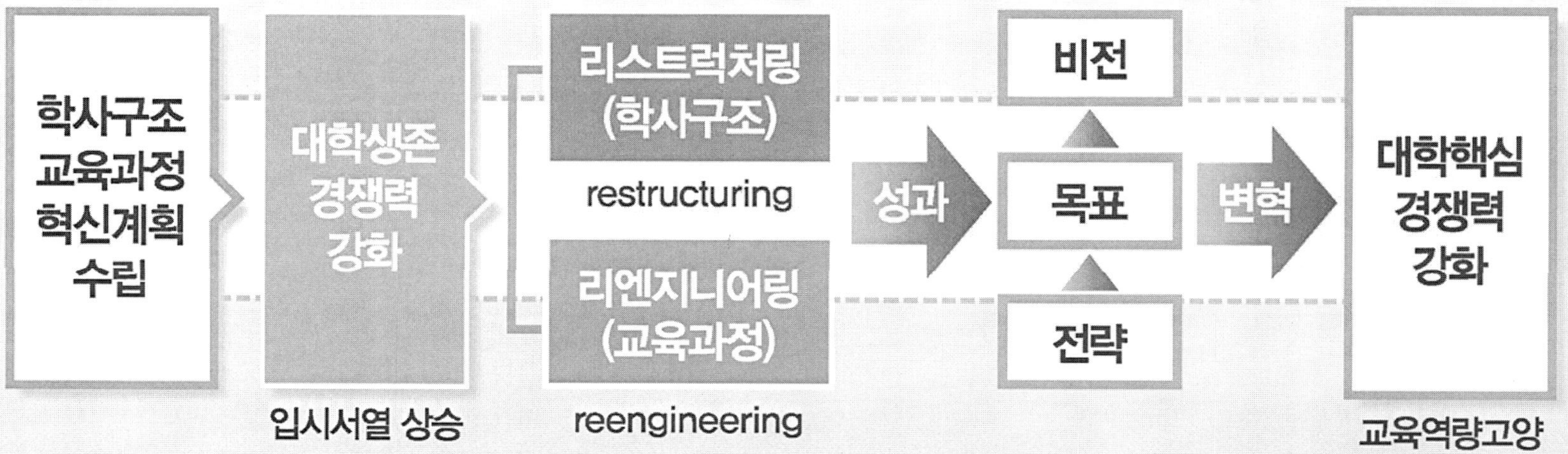
학사구조 교육과정 혁신계획 수립
대학생존 경쟁력 강화
입시서열 상승
리스트럭처링 (학사구조)
restructuring
리엔지니어링 (교육과정)
reengineering
성과
비전
목표
전략
변혁
대학핵심 경쟁력 강화
교육역량고양

Ⅲ. 혁신과정에서의 이해충돌

1 갈등의 존재이유

"爲人設官이냐, 爲官設人이냐의 문제"

사람의 문제

- 개인이 가지고 있는 일중심의 사고 또는 자기중심의 사고 차이
- 일중심의 사고를 가지더라도 목표와 해결방식에서의 가치관 차이
- 조직과 일에 대한 자기헌신의 강도 차이
- 모든 일에 무임승차로 편승하려는 자와 직접 노력하려는 자의 차이

구조의 문제

- 대학본부의 정책방향에 동의할 수 없을 경우
- 편제개편에 있어서 보직자의 개인적 이해관계에서 결정되는 경우
- 이해관계인의 의사수렴없이 일방적으로 진행될 경우
- 목적적 합리성과 절차적 합리성을 상당부분 갖추지 못할 경우

2 혁신과정에서의 진행원칙

"대다수가 합의할 수 있는 기준과 원칙 설정"

- 집단과정(dynamic group process)을 통해 명확한 기준을 설정하라
- 미래시점과 전체적관점(as a whole)에서 조망하라
- 전체의 이익을 위한 소수의 희생에서 교권이 침해받아서는 안된다
- 총체적, 결과적 책임을 지는 CEO의 고독한 결정은 존중되어야 하며, 따라서 보직자들은 그러한 리더십을 충실하게 보완하는 역할만 해야지 호가호위해서는 안된다

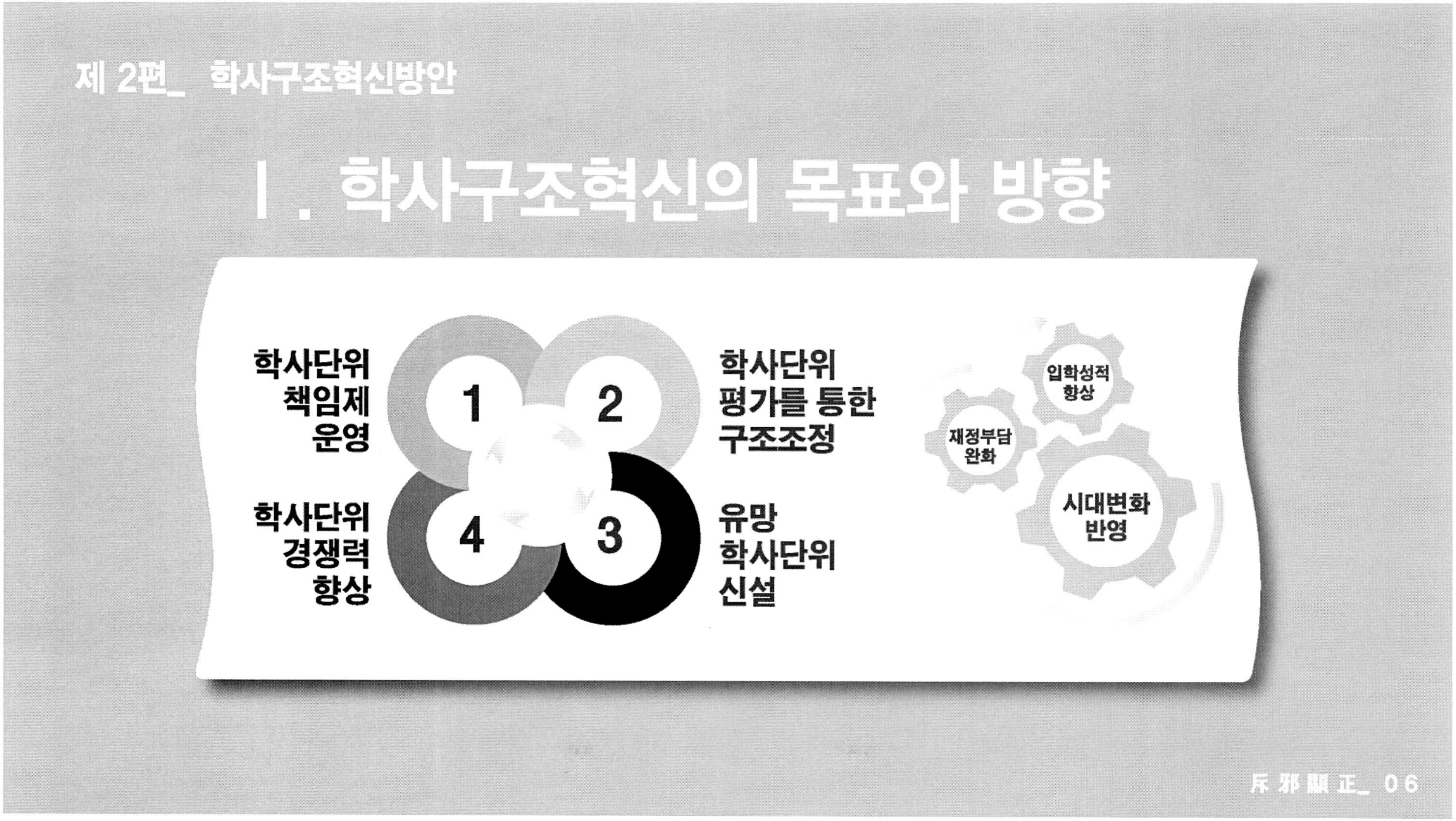
제 2편_ 학사구조혁신방안
Ⅰ. 학사구조혁신의 목표와 방향
학사단위 책임제 운영
1
2
학사단위 평가를 통한 구조조정
학사단위 경쟁력 향상
4
3
유망 학사단위 신설
입학성적 향상
재정부담 완화
시대변화 반영
斥邪顯正_ 06

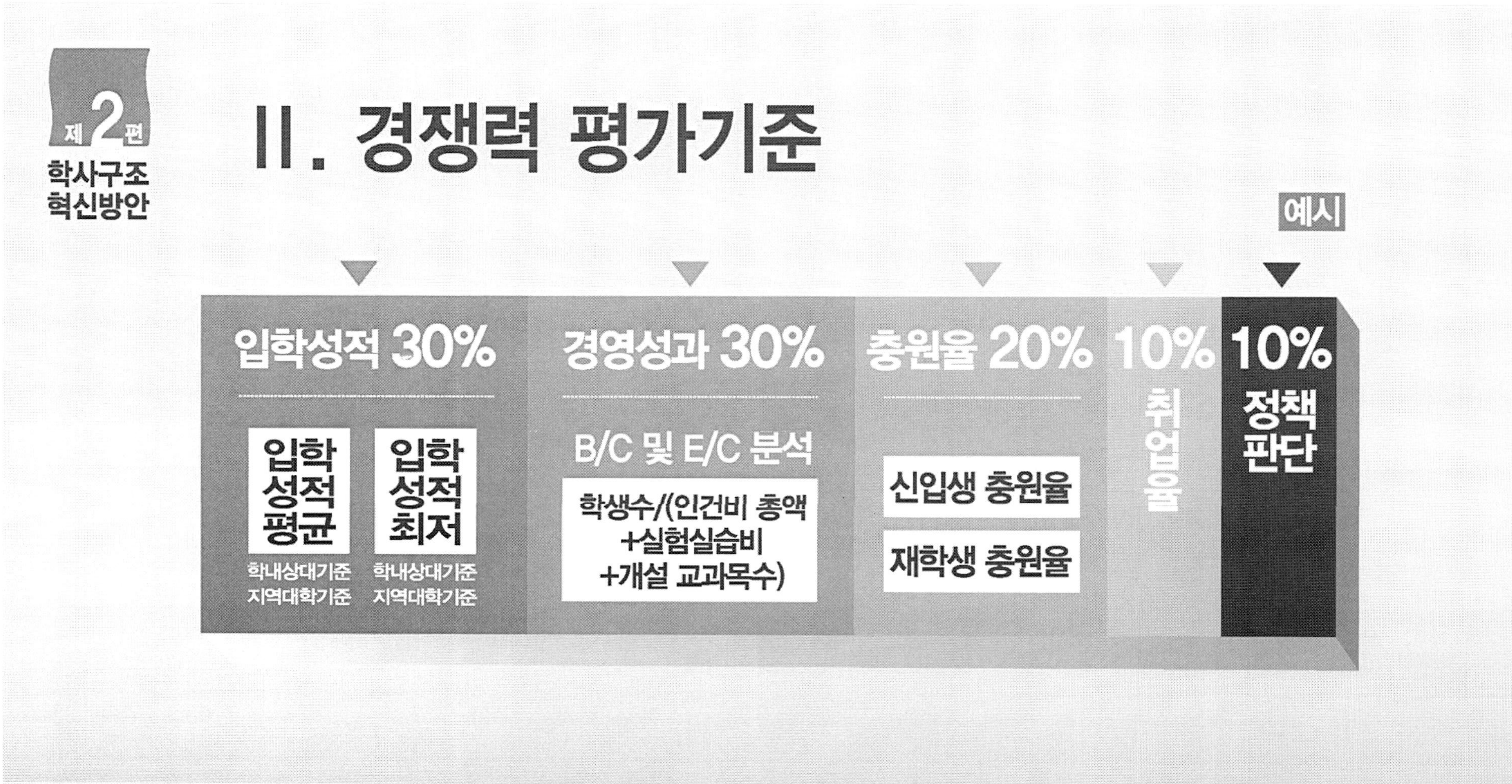
제 2 편
학사구조 혁신방안
II. 경쟁력 평가기준
예시
입학성적 30%
입학 성적 평균
학내상대기준 지역대학기준
입학 성적 최저
학내상대기준 지역대학기준
경영성과 30%
B/C 및 E/C 분석
학생수/(인건비 총액 +실험실습비 +개설 교과목수)
충원율 20%
신입생 충원율
재학생 충원율
10%
취업율
10%
정책 판단

Ⅲ. 혁신절차

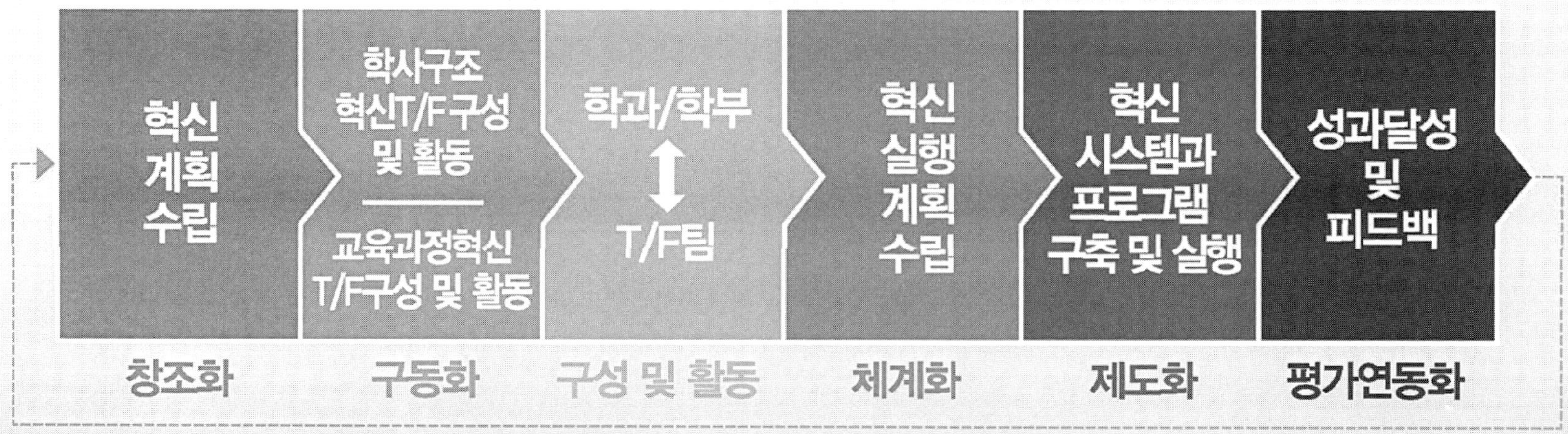

斥邪顯正_ 08

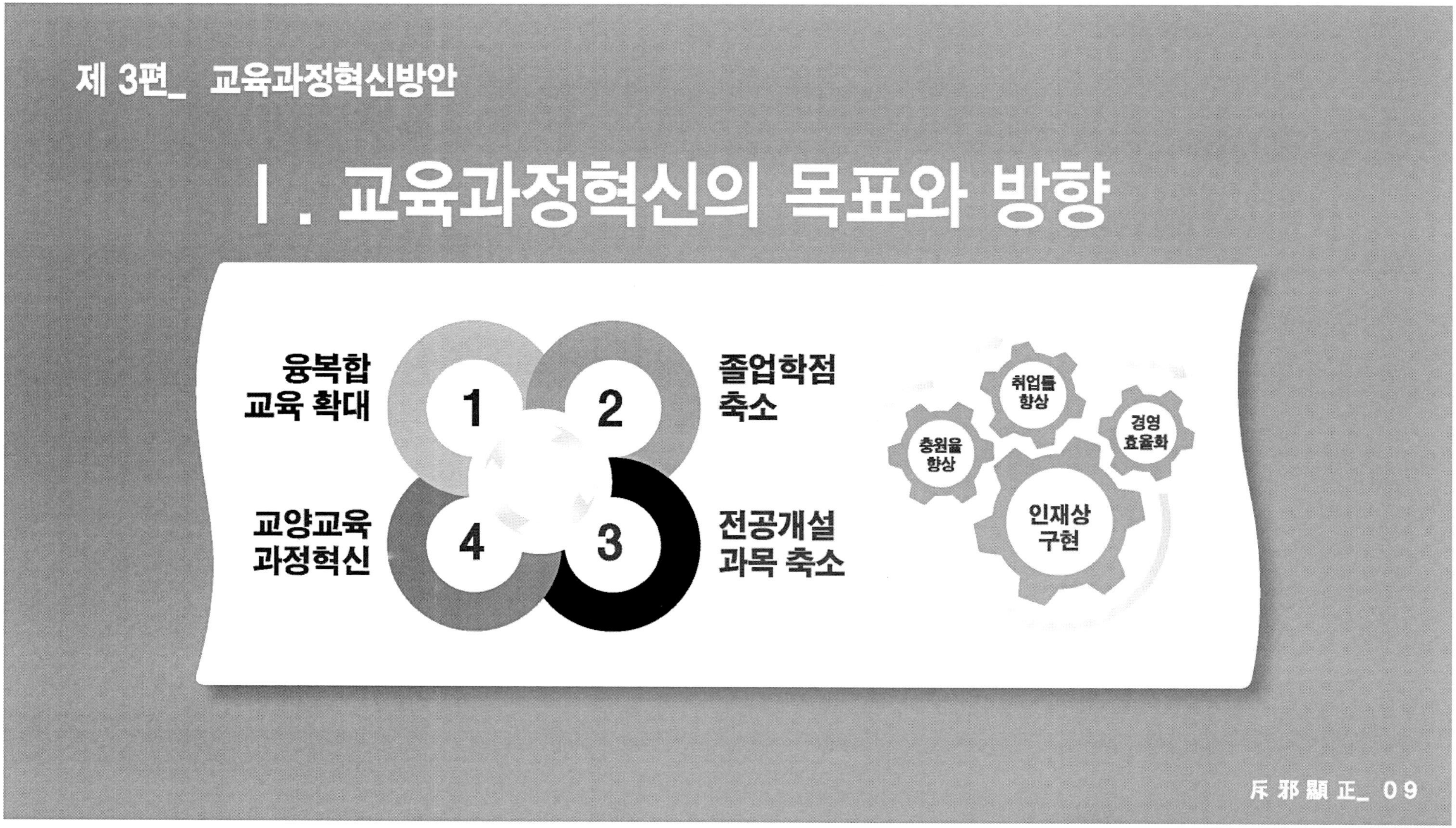
제 3편_ 교육과정혁신방안
Ⅰ. 교육과정혁신의 목표와 방향
융복합 교육 확대
1
2
졸업학점 축소
교양교육 과정혁신
4
3
전공개설 과목 축소
취업률 향상
충원율 향상
경영 효율화
인재상 구현
斥邪顯正_ 09

II. 졸업학점 다운사이징

1 현황

1 기존 132학점 ▶ 122학점(▼10학점)
- 500과목×15시수×52,000원 ≒ 4억 절감

2 개설 과목 현황

교양 학점	· 인문사회자연 34학점(실제교양 28, 전공기초교양6) · 공학 및 예체능 32학점(실제교양 26, 전공기초교양6) · 공학인증 50학점(실제교양 20, 인증과목 30)
전공 학점	· 단일전공 학과/부 66학점 · MICT 78학점 · 복수전공(인문사회 36학점, 자연공학예체능 45학점)

II. 졸업학점 다운사이징

2 혁신방안

1. 10학점(교양4, 전공6) 감축
2. 1학점당 평균인건비를 비전임으로 환산하면 시간당 52,000원으로 약 8억 절감
3. 1학점당 평균인건비를 전임+비전임으로 환산하면 시간당 100,000원 이상으로 추정됨
4. 따라서, 전임 담당의 비율은 높이고(초과강의수당이 낮음) 비전임 담당의 비율은 낮출 필요가 있음
5. 장기적으로 법적 허용범위내에서 최대한 다운사이징 해야 함

II. 졸업학점 다운사이징

3 교양과목 혁신

1. 졸업학점은 1차년도에 4학점을 감축하고, 이후 대학의 정책방향에 따라 축소 또는 확대할 수 있음
2. 교양과목 개설에 혁신적 변화가 필요함. 향후 T/F에서는 변혁의 기준을 명확히 설정해야 함
3. T/F에서는 다운사이징의 방향, 균형성과 체계성, 취업역량강화 등을 명심해야 함
4. 즉시적으로, 인위설관된 교양교과를 구분하여 철폐시켜야 함
5. 책임학점유연제도 도입(연 18학점) / 학기별 15학점 이상 초과강의료 미지급

斥 邪 顯 正_ 1 2

Ⅲ. 학사단위별 전공과목 다운사이징

1 개설현황

1. 단일학과 82~91학점
2. 전공선택학부(국제지역학부) 3개전공 320학점
3. 자율전공학부 2개 전공 134~148학점
4. 자율전공학부 3개 전공 178학점

2 단기혁신 방안

1. 단일학과 72~81학점
2. 2개전공학부 114~128학점
3. 3개전공학부 162학점
4. 4개전공학부 196학점
5. 학부제 학사단위는 전공공통과목 도출 시현 필수

Ⅲ. 학사단위별 전공과목 다운사이징

3

중장기 혁신방안

1. 졸업학점 다운사이징에 연동하여 점차 감축함
2. 학사단위별 교원감축에 연동하여 다운사이징 함
3. 학교의 비전과 전략에 부합하는 방향으로 정책당국의 판단이 증설 또는 감축에 일정비율 반영되어야 함
4. 학사단위별 평가가 이루어지면 자발적으로 다운사이징의 방향으로 나아가는 것임

■ 학사단위별 자율적 혁신으로 저비용 고효율 구조달성

斥邪顯正_ 14

Innovation Scheme 4

제 4 부

磨斧爲針

부속부설기관혁신(안)

마부위침 "도끼를 갈아서 바늘을 만든다"

磨斧爲針

제 1편
부속부설기관 혁신총론

Ⅰ. 혁신목표와 방향
Ⅱ. 혁신구조와 절차
Ⅲ. 부속부설기관 설립현황
Ⅳ. 생존매트릭스와 기관유형

제 2편
부속부설기관 혁신방안

Ⅰ. 재유형화와 성과평가기준
Ⅱ. 고유서비스사업기관혁신
Ⅲ. 교육경영사업기관혁신
Ⅳ. 경영수익사업기관혁신

제 3편
거버넌스형 혁신방안

Ⅰ. 연구지원체계 혁신방안
Ⅱ. 기숙사 혁신방안
Ⅲ. 평생교육원 혁신방안
Ⅳ. 교수학습개발센터 혁신방안

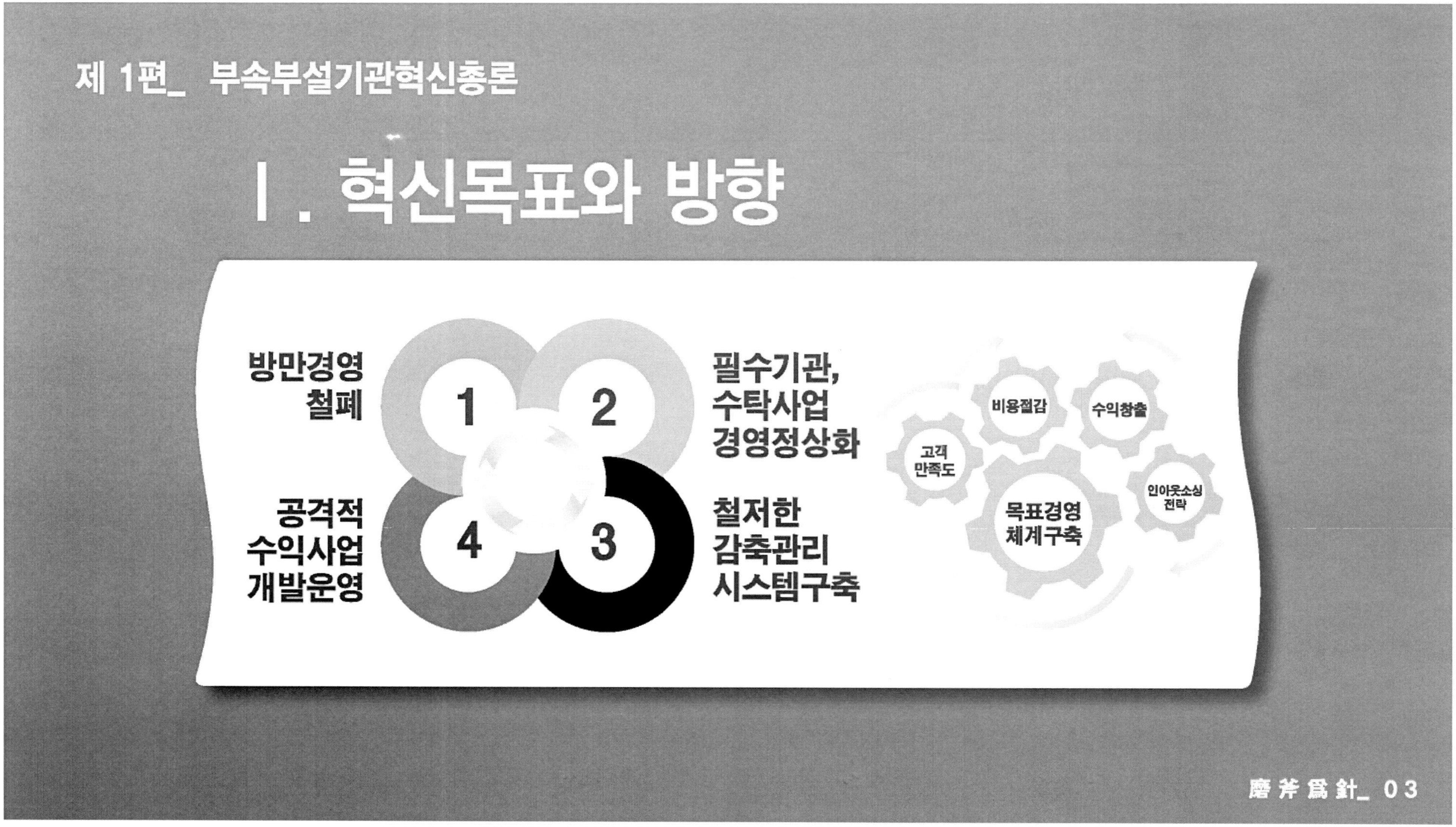
제 1편_ 부속부설기관혁신총론
Ⅰ. 혁신목표와 방향
방만경영 철폐
1
2
필수기관, 수탁사업 경영정상화
공격적 수익사업 개발운영
4
3
철저한 감축관리 시스템구축
고객 만족도
비용절감
수익창출
목표경영 체계구축
인아웃소싱 전략
磨斧爲針_ 03

II. 혁신구조와 절차

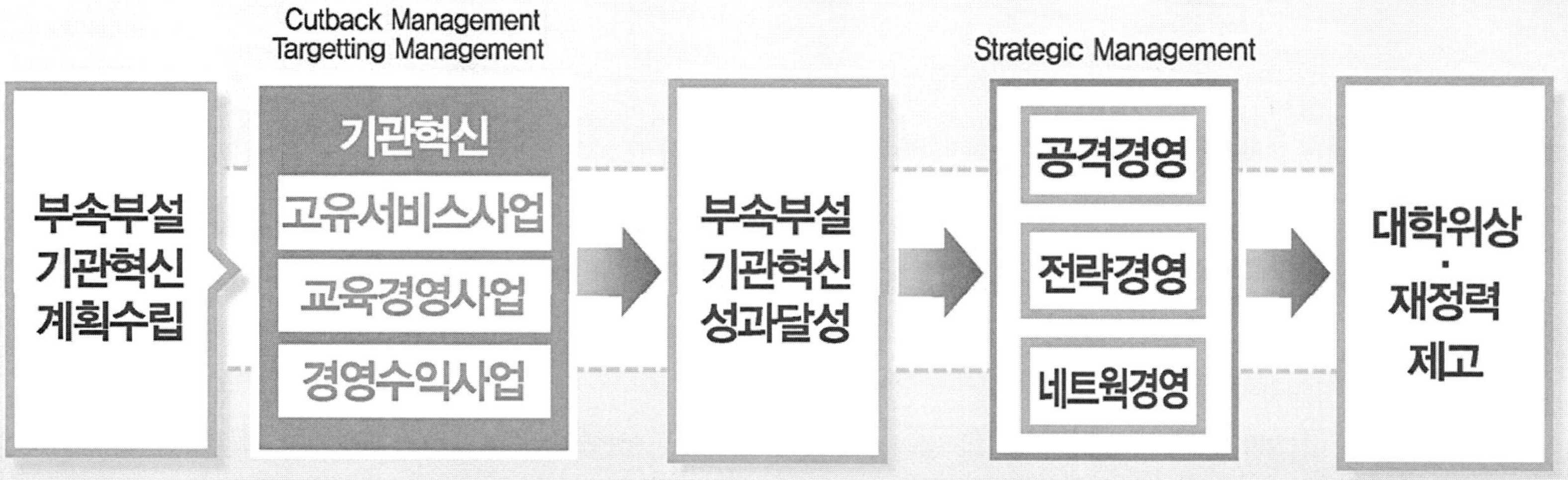
Cutback Management
Targetting Management
Strategic Management
부속부설 기관혁신 계획수립
기관혁신
고유서비스사업
교육경영사업
경영수익사업
부속부설 기관혁신 성과달성
공격경영
전략경영
네트웍경영
대학위상 · 재정력 제고

Ⅲ. 부속부설기관 설립현황

대학원

일반대학원, 교육대학원, 사회복지대학원,
상담치료대학원, 공공안전정책대학원,
산업융합대학원, 교육연수원, 리더십대학원

부속 기관

도서관, 정보전산원, 박물관, 학보사, 방송국
출판부, 학생상담센터, 교수학습개발센터
공동기기실, 공학교육센터, 생활관, 경영교육인증지원센터

부설 기관

평생교육원, 국제교육원, 보육교사교육원, 교육연수원,
노인스포츠지도자연수원, 한국어교육원, 사이버중독치료센터,
리더십센터, 원격교육연수원, 부산학센터, 청소년종합지원센터,
아동교육연구지원센터, 마이크로그리드캠퍼스사업단,
사상구장애인복지관, 동래구노인복지관, 통영장애인종합복지관,
사직종합사회복지관, 사상구자원봉사센터, 사상구육아종합지원센터

부설 연구소

낙동강연구원, 디자인예술연구소, 여성문제연구소, 인문과학연구소,
사회과학연구소, 경영경제연구소, 자연과학연구소, 교육과학연구소,
해양식의약소재융합기술연구소, 막걸리세계화연구소, 녹색융합기술센터,
해양극한미생물연구소, 부산경제교육연구소, 보건복지연구소,
안전정책연구소

산학 협력단

행정팀, 창업보육센터, WISET, 마린바이오산업화지원센터, 디지털패션센터,
토양분석센터, HACCP교육훈련원, 신라바이오텍, 식품분석센터,
글로벌한국학센터, 해양I&CT센터, 글로벌헬스케어,
RIS사업센터, 공용장비지원센터, 기업지원센터, 주류안전관리지원센터,
사상구어린이급식관리지원센터, 강서구어린이급식관리지원센터,
수산물종합연구센터, GTEP사업단, 중소기업산학협력센터,
태양광마이크로그리드융합기술기초인력양성센터, 대학창조일자리센터,
여대생커리어개발센터, 글로벌비즈니스지원센터, 창업지원단(창업교육센터),
IPP일학습병행제사업단, 현장실습지원센터, 부산무인항공교육원

주) 부속기관은 대학의 고유사무를 지원하는 기관, 부설기관은 대학의 부가적 업무를 수행하는 기관

Ⅳ. 생존매트릭스와 기관유형

1 존재의 이유 "흑자/적자 · 필수/임의에 따라 유형화"

Ⅰ유형	필수기관이면서 흑자운영하는 기관
Ⅱ유형	임의기관이면서 흑자운영하는 기관
Ⅲ유형	필수기관이면서 적자운영하는 기관
Ⅳ유형	임의기관이면서 적자운영하는 기관

■ Ⅰ, Ⅱ유형	생존
■ Ⅲ유형	혁신조건부 생존
■ Ⅳ유형	즉시폐지

2 혁신기관 유형별 혁신기준 "기관존재의 목적과 생존법칙"

I 유형

- 제공하는 서비스의 목적부합성과 질의 향상
- 저비용고효율의 사업과 프로그램 개발과 운용
- 대학생존지표 고양에 개발 및 운영의 초점을 둠
- 수탁기관의 경우, 표면적으로는 경영수지를 균형에 맞추지만 실제로는 기관운영의 인소싱(in-sourcing)전략을 활용하여 대학재정에 기여토록 함

II 유형

- 제공하는 서비스의 수익성과 질의 향상
- 저비용고효율의 사업과 프로그램 확대 및 신규사업개발
- 경영수익성 고양에 개발 및 운영의 초점을 둠
- 비용절감의 차원에서 인소싱과 아웃소싱전략을 선택적으로 활용

III 유형

- 제공하는 서비스의 목적부합성과 수익성 및 질의 향상
- 비용절감 혁신방안에 목숨을 걸어야 함
- 대학생존지표 고양에 개발 및 운영의 초점을 둠
- 기획 및 운영에 있어서 용역발주 등 아웃소싱을 철저히 배격하고 인소싱에 있어서도 '비용숨기기' 와 '사적이익' 을 배제함으로써 처절하게 비용절감을 실현해야 함

3 필수기관? 임의기관?

"필수기관을 제외하고 모든 기관은 철폐될 수 있다"

필수기관

대학원 일반대학원

부속기관 도서관, 정보전산원, 박물관, 학보사, 방송국, 출판부, 학생상담센터, 교수학습개발센터, 공동기기실, 생활관

부설기관 평생교육원, 보육교사교육원, 마이크로그리드캠퍼스사업단, 사상구장애인복지관, 동래구노인복지관, 통영장애인종합복지관, 사직종합사회복지관, 사상구자원봉사센터, 사상구육아종합지원센터

산학협력단 행정팀, 창업보육센터, WISET, 마린바이오산업화지원센터, 디지털패션센터, 토양분석센터, HACCP교육훈련원, 바이오텍, 식품분석센터, 글로벌한국학센터, 해양&CT센터, 글로벌헬스케어, RIS사업센터, 공용장비지원센터, 기업지원센터, 주류안전관리지원센터, 사상구어린이급식관리지원센터, 강서구어린이급식관리지원센터, 수산물종합연구센터, GTEP사업단, 중소기업산학협력센터, 태양광마이크로그리드융합기술기초인력양성센터, 대학창조일자리센터, 여대생커리어개발센터, 글로벌비즈니스지원센터, 창업지원단(창업교육센터), IPP일학습병행제사업단, 현장실습지원센터, 부산무인항공교육원

임의기관

대학원 교육대학원, 사회복지대학원, 상담치료대학원, 공공안전정책대학원, 산업융합대학원, 교육연수원, 리더십대학원

부속기관 공학교육센터, 경영교육인증지원센터

부설기관 국제교육원, 교육연수원, 노인스포츠지도자연수원, 사이버중독치료센터, 리더십센터, 원격교육연수원, 부산학센터, 청소년종합지원센터, 아동교육연구지원센터

부설연구소 낙동강연구원, 디자인예술연구소, 여성문제연구소, 인문과학연구소, 사회과학연구소, 경영경제연구소, 자연과학연구소, 교육과학연구소, 해양식의약소재융합기술연구소, 막걸리세계화연구소, 녹색융합기술센터, 해양극한미생물연구소, 부산경제교육연구소, 보건복지연구소, 안전정책연구소

* 필수기관은 학원법인정관, 국책사업기관, 위탁경영기관, 국가지정기관 및 대학평가지표관련기관 등을 위주로 지정

** 운영비용이 거의 발생하지 않는 기관은 많을수록 좋음

Ⅰ. 재유형화와 성과평가기준

1 공익성과 수익성의 조화

"두마리의 토끼를 어떻게 다 잡을것이냐"

- 공익성이란 교육서비스공급의 질과 고객만족도 및 소비자선택을 거양하는 것
- 수익성이란 양질의 교육서비스를 제공하면서도 최소한 손익분기점을 넘어서 경영수지를 최대한의 흑자경영으로 만드는 것
- 대체로 필수기관은 공익성을, 임의기관은 수익성을 추구하는 기관으로 유추할 수 있음
- 공익성과 수익성이 대치하지 않는 가치로는 절약과 능률(economic and efficiency)이라는 이념이 있음
- 따라서, 부속부설기관은 공익성과 수익성을 양극으로 하는 영속체(continuum)상의 한 점에서 균형을 이룸

2 부속부설기관의 재유형화

"공익성/수익성 · 필수적/임의적 기준을 고려"

고유서비스사업기관

- 교육서비스필수기관으로 사학법 등 교육관련법령, 법인정관 등에 의해 설립된 기관
- 성과지향은 주로 공익성지표 향상과 비용절감에 초점을 둠

교육경영사업기관

- 일부필수기관, 위탁경영기관, 국책사업기관 등에 해당되는 기관
- 성과지향은 공익성 및 수익성 지표, 우회적 방법에 의한 대학재정에의 기여도 향상과 철저한 비용절감에 초점을 둠

경영수익사업기관

- 교육서비스관련 임의기관으로 공익적 목적, 수익적 목적 또는 병행적 목적에 의해 설립된 기관
- 성과지향은 기업운영과 마찬가지로 수익성지표 향상과 철저한 비용절감에 초점을 둠

B/C, E/C분석(정량, 정성분석)

$$\text{성과평가산식} = \frac{\text{분자요소(공익성지표} * \text{수익성지표} * \text{대학성과지표기여도} * \text{대학전략기여도)}}{\text{분모요소(기관예산집행액} * \text{비리비위사실} * \text{고객불만족도} * \text{협업협력거부)}}$$

II. 고유서비스사업기관혁신

1 대상

"목적부합성 프로그램만 운영해야하며, 서비스공급의 원가절감에 최선을 다해야 함"

대학원	일반대학원
부속기관	도서관, 정보전산원, 박물관, 학보사, 방송국, 출판부, 학생상담센터, 교수학습개발센터, 공동기기실
부설기관	국책사업 및 시책사업으로 위탁경영을 받은 기관으로 마이크로그리드캠퍼스사업단 외 6개 기관
산학협력단	대학의 자체적 경영수익사업 5개 기관을 제외한 산학협력단소속의 24개 기관

2 성과평가기준

분자요소	공익성지표, 서비스 질, 고객만족도, 업무량, 대학정책기여도 등
분모요소	예산집행액, 인건비, 고객불만족도, 운영비리건수, 학내협업미기여도 등

Ⅲ. 교육경영사업기관혁신

1 대상

"기관자체적 수익모델을 개발해야 하며, 운영비를 최대한 절감해야 함"

대학원	교육대학원, 교육연수원, 사회복지대학원, 상담치료대학원, 공공안정정책대학원, 산업융합대학원, 리더십대학원
부속기관	공학교육센터, 경영교육인증지원센터
부설기관	국제교육원, 노인스포츠지도자연수원, 사이버중독치료센터, 리더십센터, 원격교육연수원, 부산학센터, 청소년종합지원센터, 아동교육연구지원센터
부설연구소	낙동강연구원 외 14개 기관

2 성과평가기준

분자요소	공익성지표, 수익성지표, 고객만족도, 업무량, 대학정책기여도 등
분모요소	예산집행액, 인건비, 강사료, 고객불만족도, 운영비리건수, 학내협업미기여도 등

Ⅳ. 경영수익사업기관혁신

1 대상

"기업경영방식으로 수익성을 최대한 추구해야 함"

부속기관	생활관(기숙사)
부설기관	평생교육원, 보육교사교육원, 한국어교육원
산학협력단	토양분석센터, HACCP교육훈련원, 바이오텍, 식품분석센터, 부산무인항공교육원

2 성과평가기준

분자요소	수익성지표(수입액), 인소싱기여도 등
분모요소	수익성지표(지출액), 아웃소싱의존도(용역발주), 운영비리건수 등

제 3편_ 거버넌스형 혁신방안

Ⅰ. 연구지원체계 혁신방안

- 부설연구소와 개인연구자들의 연구활성화를 위해 연구지원업무를 강화해야 함
- 금전적지원이 거의 필요없는 연구소의 개소를 적극 장려함으로써 대학의 명목적 연구역량은 강화됨
- 연구지원업무를 위해 그리고 비용절감을 위해 개별연구소단위가 아니라 통합지원부서를 둘 필요가 있음
- 산학협력단 행정팀 산하에 연구지원업무 담당자를 지정하여 개별연구소 및 개별연구자의 연구용역 체결과 관리사무에 대하여 지원하여야 함. 또한 간접비를 연구자나 학과에 일부 지원함으로써, 이는 연구활성화의 모티브가 됨
- 연구지원업무는 인문사회연구지원, 이공계열연구지원 및 통섭형연구지원 체계로 분류하여 전문화 할 필요가 있음
- 융합연구교류네트워크를 결성하여 상시적으로 외부연구용역사업과 기술자문사업에 연구인력이 통합적으로 대응할 필요가 있으며, 또한 이것은 새로운 연구영역을 개척하게 되어 연구영역의 범위와 전문성을 확대하게 됨

磨斧爲針_ 14

Ⅱ. 기숙사 혁신방안

- 학생관리를 위한 교원의 역할과 직원의 역할을 보다 엄밀하게 점검하는 것이 필요함
- 기숙사의 완전한 독립채산과 적립금 등을 통한 기숙사의 신축이 가능하게 행정조직을 통합관리, 운영하는 것이 필요함
- 가능하면 독립적 운영방식을 통하여 책임경영과 수익사업의 모델을 확보하는 것이 필요함
- 기숙사의 역할이 우리대학 입학지역의 특성에 비추어 대단히 높아지고 있는 시점에서, 기숙사의 역할을 소극적으로 변화시키는 것은 바람직하지 않고, 보다 적극적이고 공격적인 운영이 필요하며 책임운영이 가능한 시스템으로 개선이 시급함
- 지금의 시스템에 즉각적인 변화가 없으면 기숙사의 지속적인 수익구조 악화가 예상됨. 예를 들어 게스트 수입이 전년도 대비 7천8백만원 감소함
- 기숙사의 수요분석결과를 보면, 단기적으로 최소한 수용인원 500명 이상의 시설확충이 시급하며, 장기적으로 고학년학생과 부산지역거주학생까지도 고려한다면 수용인원 1,500명 이상의 시설확충이 요구됨. 이후 '전략사업혁신' 편에서 상술될 것임

Ⅲ. 평생교육원 혁신방안

- 평생교육원의 프로그램 확대와 운영은 대학재정기여도와 대학브랜드제고에 매우 중요한 변수임
- 평생교육원의 현재 운영수지를 분석하면, 상당한 재정수입에도 불구하고 방만경영과 비용증대 등 비합리적 운영으로 별 수익을 내지 못하거나 적자운영되고 있는 대학들이 상당수 있음
- 평생교육원은 지금까지의 수동적, 비합리적 관리체계를 탈피하여 적극적, 합리적 관리체계로 변혁하는 것이 시급함
- 평생교육원은 본부와의 유기적 관계보다 독립적 채산구조를 가지는 책임경영이 요구됨
- 현재의 평생교육원은 수익모델의 개발에 한계가 있으며, 따라서 공격경영마인드, 아웃소싱전략 등에 따라 프로그램과 시설을 적극적으로 확대운영할 필요가 있음. 이후 '전략사업혁신' 편에서 상술될 것임

Ⅳ. 교수학습개발센터 혁신방안

교수학습개발센터는 부속기관으로서 필수기관이며, 대학의 교육서비스 질 향상과 다수의 국책사업선정에서 제시되는 지표관련 프로그램을 운영하는 기관임

현재 센터의 운영방식에서 지적되는 문제점

- 성과에 비해 지나치게 재원이 투자되는 점
- 프로그램 개발과 운영에 있어서 고비용의 프로그램만 개발되었다는 점
- 센터의 임무가 서비스지원업무인데도 고객인 교수를 통제하는 결과를 낳는 역기능이 발생하고 있다는 점
- 센터의 리더십에 경영마인드와 서번트마인드가 부족하며, 개인영역의 확장에만 관심이 있다는 점

교수학습개발센터의 혁신방안

- 센터명을 '교수학습지원센터'로 개명
- 철저한 성과분석과 비용분석 등의 경영진단을 통해 적폐청산과 감축관리가 이루어져 새로운 기능배분, 직무구조, 예산구조 등이 설정되어야 함
- 리더십이 경영마인드와 서번트마인드를 가진 자로 시급히 교체되어야 함

Innovation Scheme 5

제 5 부

一掃而光

행정혁신(안)

일소이광 "빛과 같이 한 번에 제거한다"

一掃而光

제 1편
행정혁신 총론

Ⅰ. 혁신목표와 방향
Ⅱ. 혁신구조와 절차
Ⅲ. 대학행정의 현실과 혁신영역
Ⅳ. 고객과 성과중심의 대학행정
Ⅴ. 행정혁신기법 1
Ⅵ. 행정혁신기법 2

제 2편
일하는 행정시스템혁신

Ⅰ. 시스템혁신방향
Ⅱ. 행정기능혁신
Ⅲ. 일하는 행정조직설계(안)

제 3편
일하는 행정프로세스혁신

Ⅰ. 프로세스혁신방향
Ⅱ. 행정절차혁신
Ⅲ. 성과관리의 업무절차

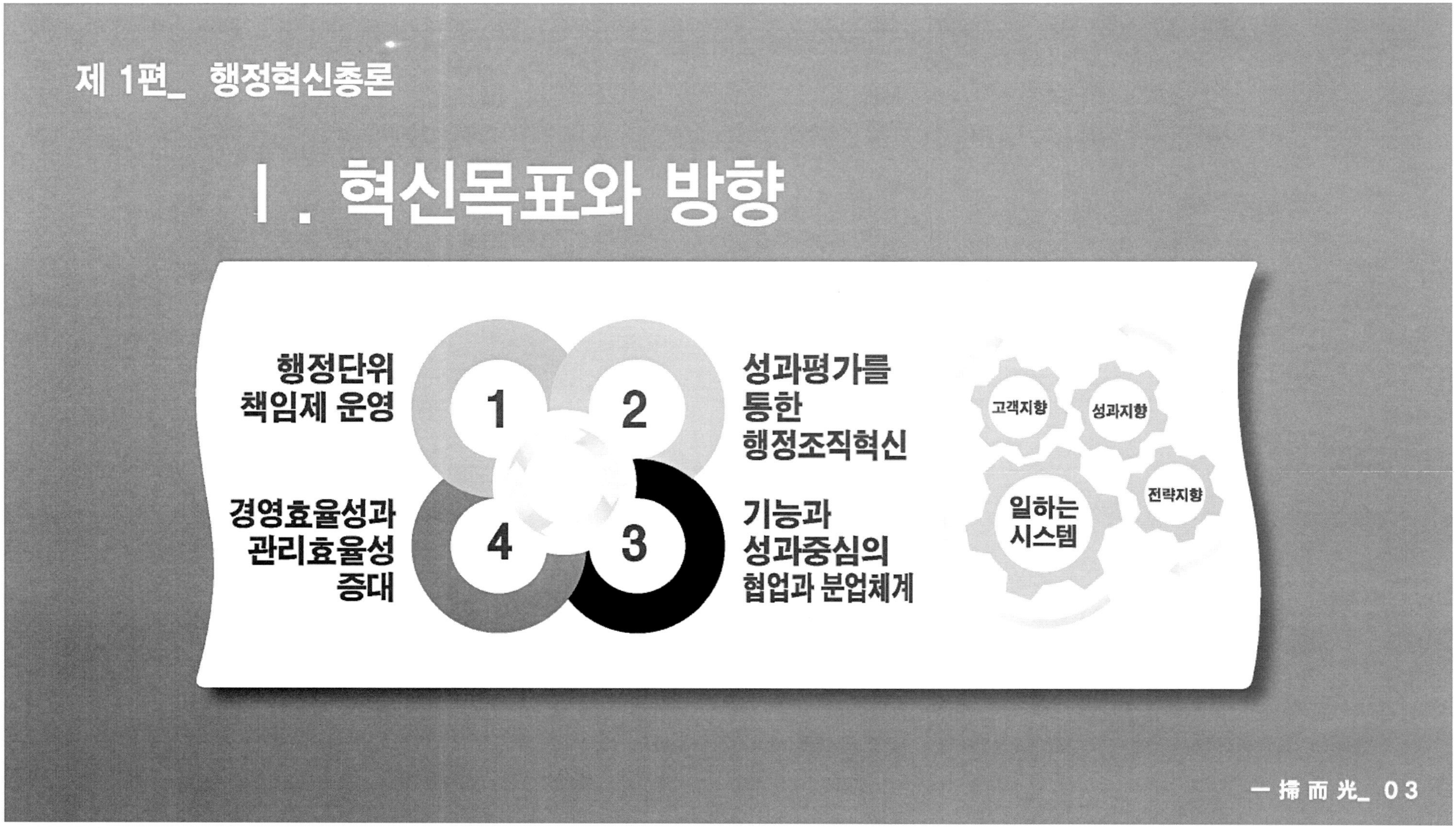
제 1편_ 행정혁신총론
Ⅰ. 혁신목표와 방향
행정단위 책임제 운영
1
2
성과평가를 통한 행정조직혁신
경영효율성과 관리효율성 증대
4
3
기능과 성과중심의 협업과 분업체계
고객지향
성과지향
전략지향
일하는 시스템
一掃而光_ 03

Ⅱ. 혁신구조와 절차

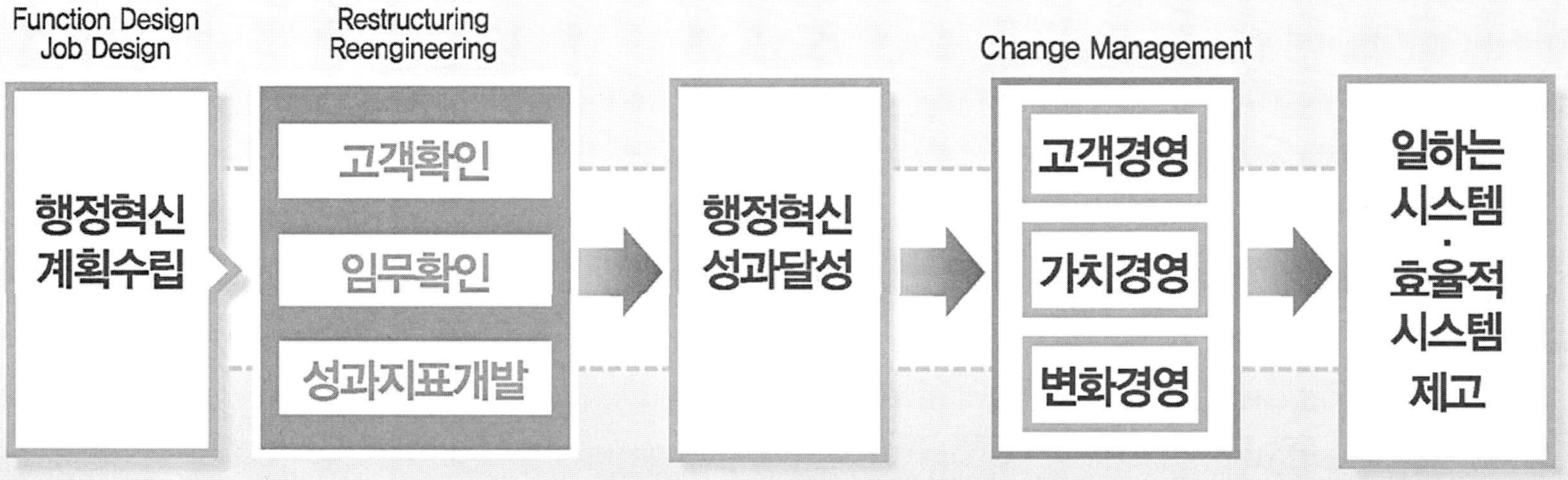
Function Design
Job Design
Restructuring
Reengineering
Change Management
행정혁신 계획수립
고객확인
임무확인
성과지표개발
행정혁신 성과달성
고객경영
가치경영
변화경영
일하는 시스템 · 효율적 시스템 제고

Ⅲ. 대학행정의 현실과 혁신영역

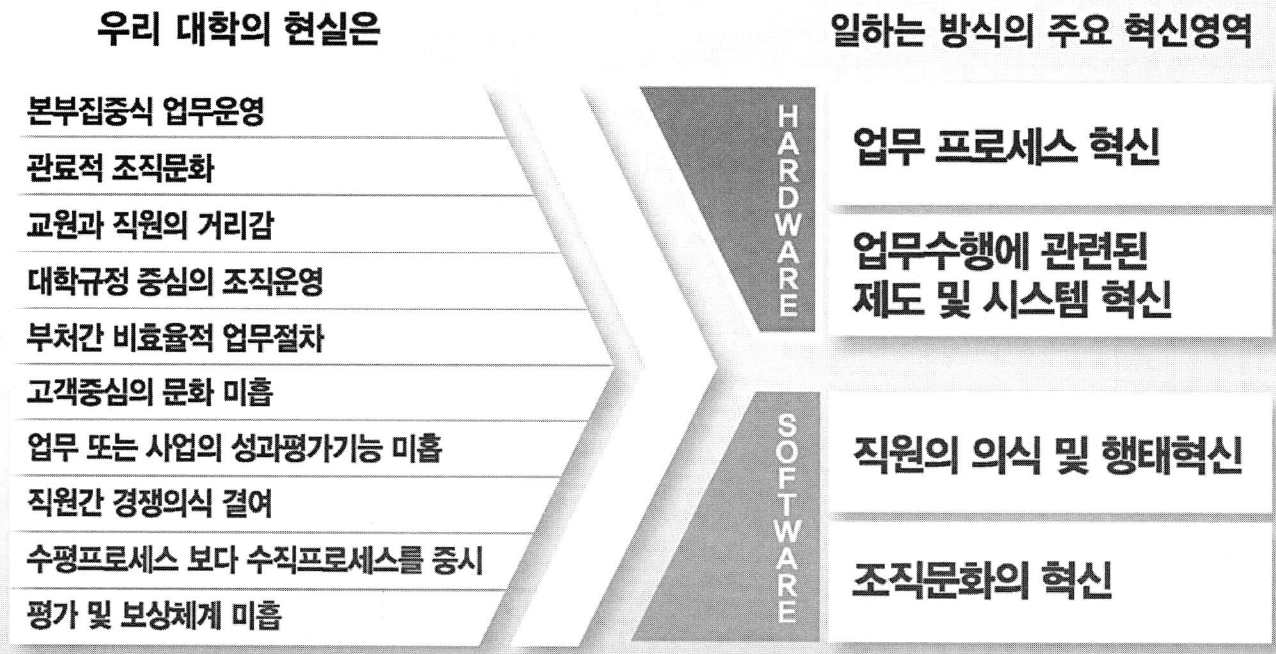

Ⅳ. 고객과 성과중심의 대학행정

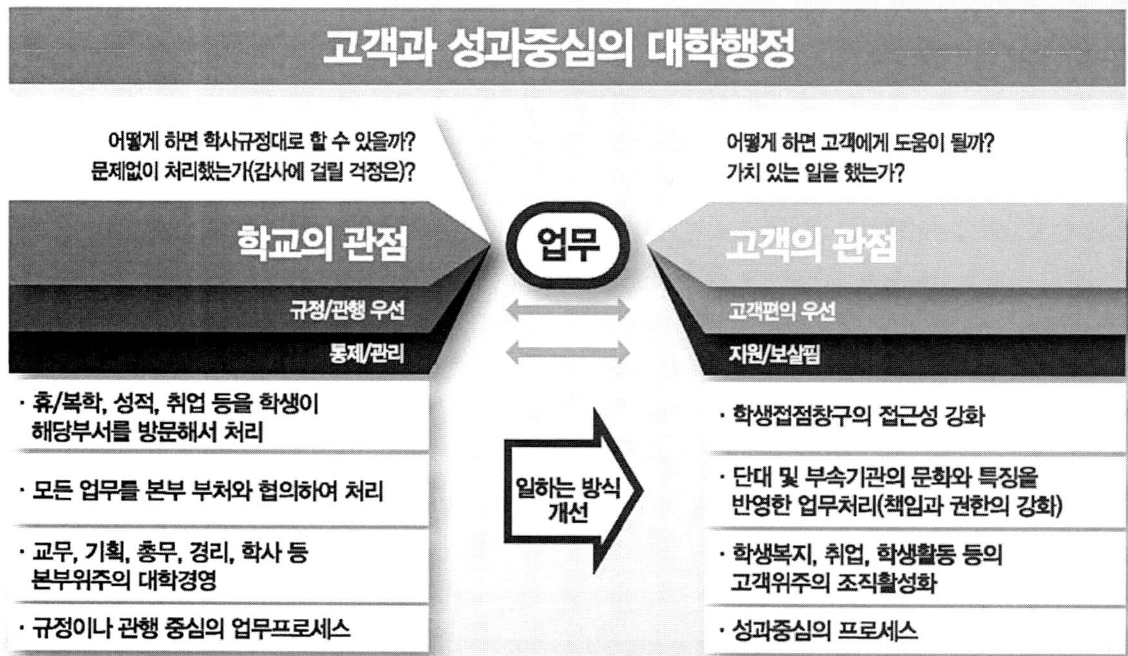

V. 행정혁신기법 1

Work-Out 기법

조직의 수직적, 수평적 장벽을 제거하고, 전 직원의 자발적 참여에 의해 현안문제의 의사결정과 문제해결방안 모색을 위한 혁신기법임

- 빠른 의사결정
- 토론식 문제해결
- 즉시실천을 위한 실행프로그램
- 구성원 참여에 의한 자율적 혁신

Action-Learning 기법

학습팀을 중심으로 실제 해결하기 어려운 현안과제를 질문과 끊임없는 성찰과정을 통해 문제해결력과 리더십역량을 강화하는 실행과 학습을 동시에 충족시키는 프로그램임

- 문제해결능력 강화
- 조직의 정책과제 및 전략적과제 수행
- 전문가적 역량을 강화
- 제도개선에서 정책과제 해결까지 광범위하게 활용

VI. 행정혁신기법 2

PI 기법

조직의 업무프로세스를 중심으로 각종 불합리한 조건과 기능을 효율적 합리적으로 재구축하는 기법

- 불필요한 업무기능 및 중복기능 축소
- 비전과 전략중심의 업무기능극대화
- 행정프로세스 전반에 대한 진단과 개선방안 수립

6시그마 기법

고객중심의 업무프로세스를 6시그마 수준의 통계적 기법을 통해 개선활동을 측정하고 이를 지속적으로 관리하는 정량적인 혁신기법

- 스마트하게 일하는 방식으로 전환 (무조건 열심히 일하는 문화 탈피)
- 통계적 측정을 바탕으로 구체적인 데이터를 활용
- 개선현황을 수치로 확인가능

Ⅰ. 시스템혁신방향

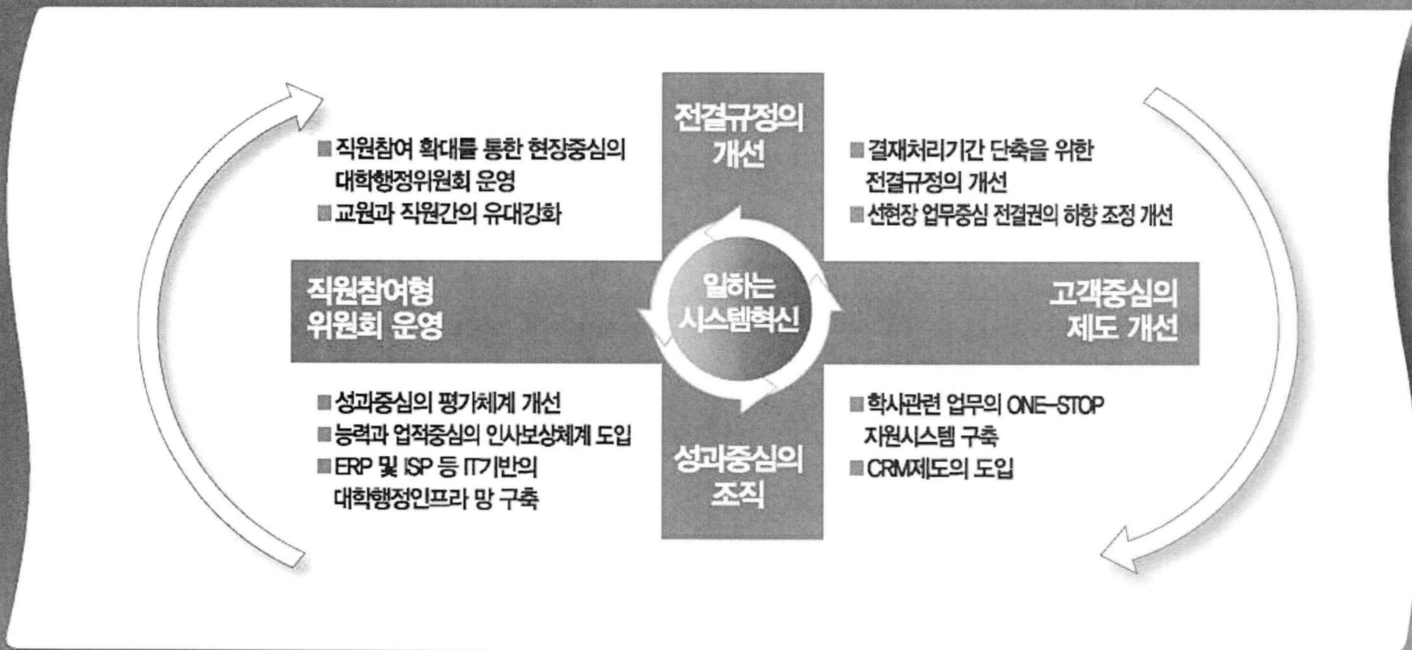
전결규정의 개선
■ 직원참여 확대를 통한 현장중심의 대학행정위원회 운영
■ 교원과 직원간의 유대강화
■ 결재처리기간 단축을 위한 전결규정의 개선
■ 선현장 업무중심 전결권의 하향 조정 개선
직원참여형 위원회 운영
일하는 시스템혁신
고객중심의 제도 개선
■ 성과중심의 평가체계 개선
■ 능력과 업적중심의 인사보상체계 도입
■ ERP 및 ISP 등 IT기반의 대학행정인프라 망 구축
■ 학사관련 업무의 ONE-STOP 지원시스템 구축
■ CRM제도의 도입
성과중심의 조직

II. 행정기능혁신

1 통합화

- 처, 실, 단, 팀의 설치 수는 줄이고, 단위별 규모는 확대
- 칸막이 수를 줄여야 함
- 대학성과지표 및 문제해결 중심의 구조설계

2 분업화

- 기능재배분에 따른 재분업화
- 기능에 따른 직무분석과 팀구성
- 대학성과지표 중심의 기능과 직무 분장

"일하는 융합시스템"

- 복합조직
- 탄력적조직
- 문제해결조직
- 네트워크조직
- 레이아웃조직

Ⅲ. 일하는 행정조직설계(안)

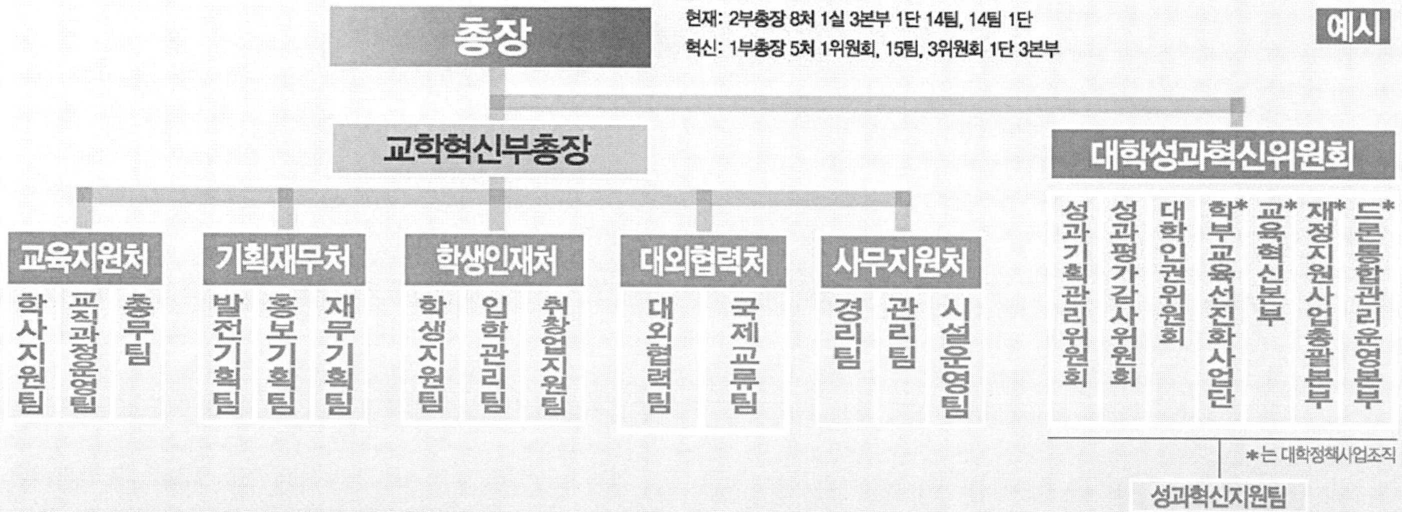

주요성과지표	고객만족도	대학성과지표	입시경쟁력/충원률/취업률	글로벌지수	고객만족도	성과혁신달성도
일차고객	학생/교원/직원	총장	학생/취업·입시전담교원	인바운드유학생 아웃바운드취준생	모든 부서	총장/모든 구성원

제 3편_ 일하는 행정프로세스혁신

Ⅰ. 혁신방향

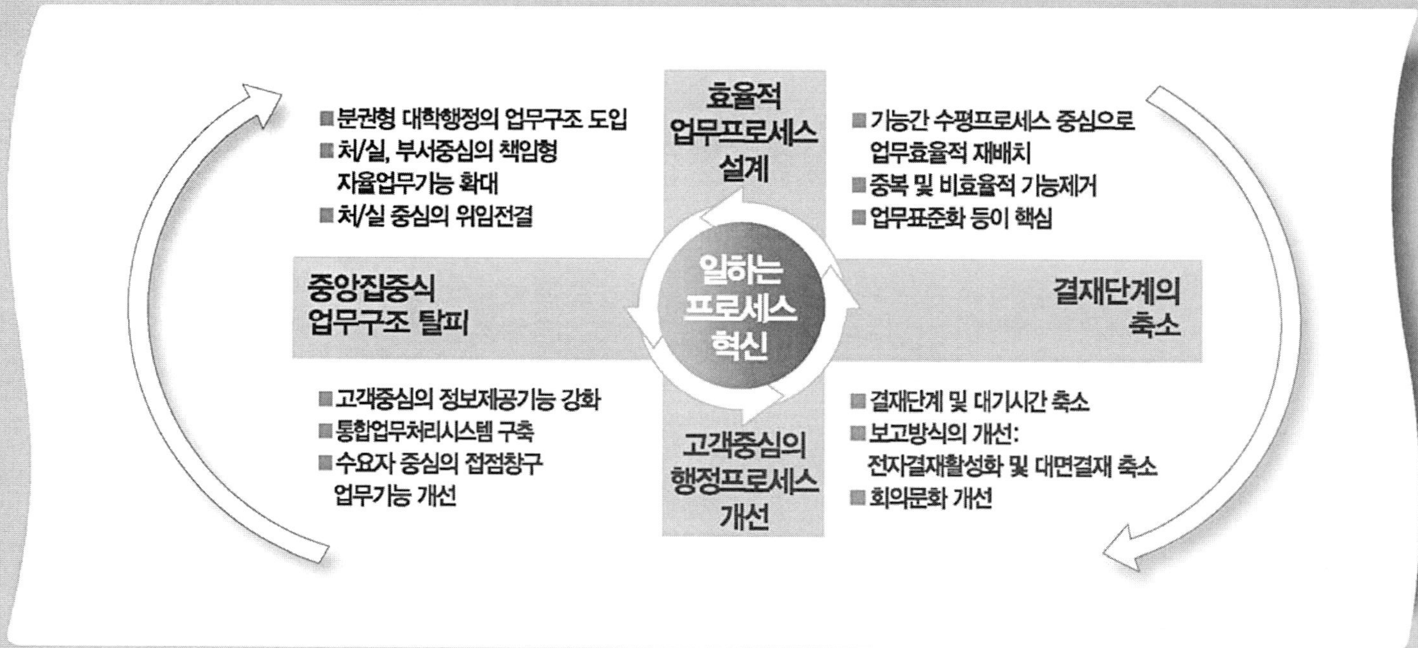

一掃而光_ 12

Ⅱ. 행정절차혁신

1 통합화

- 대학성과지표 중심의 업무과정설계와 구조화
- 지표중심 통합업무과정과 절차의 상시화 및 규정화

2 협업화

- 부서별 칸막이를 무시하고 문제해결중심의 과정설계
- 정형화된 분장체계를 넘어서는 문제중심의 네트워크조직 구축
- 문제해결을 위한 네트워크적 프로세스에 실행권한이 주어짐
  (예: 특별위원회_adhocracy)

→

"일하는 융합프로세스"

- 네트워크 구조
- 오버레이 구조
- 문제해결 중심
- 적응적 구조와 절차

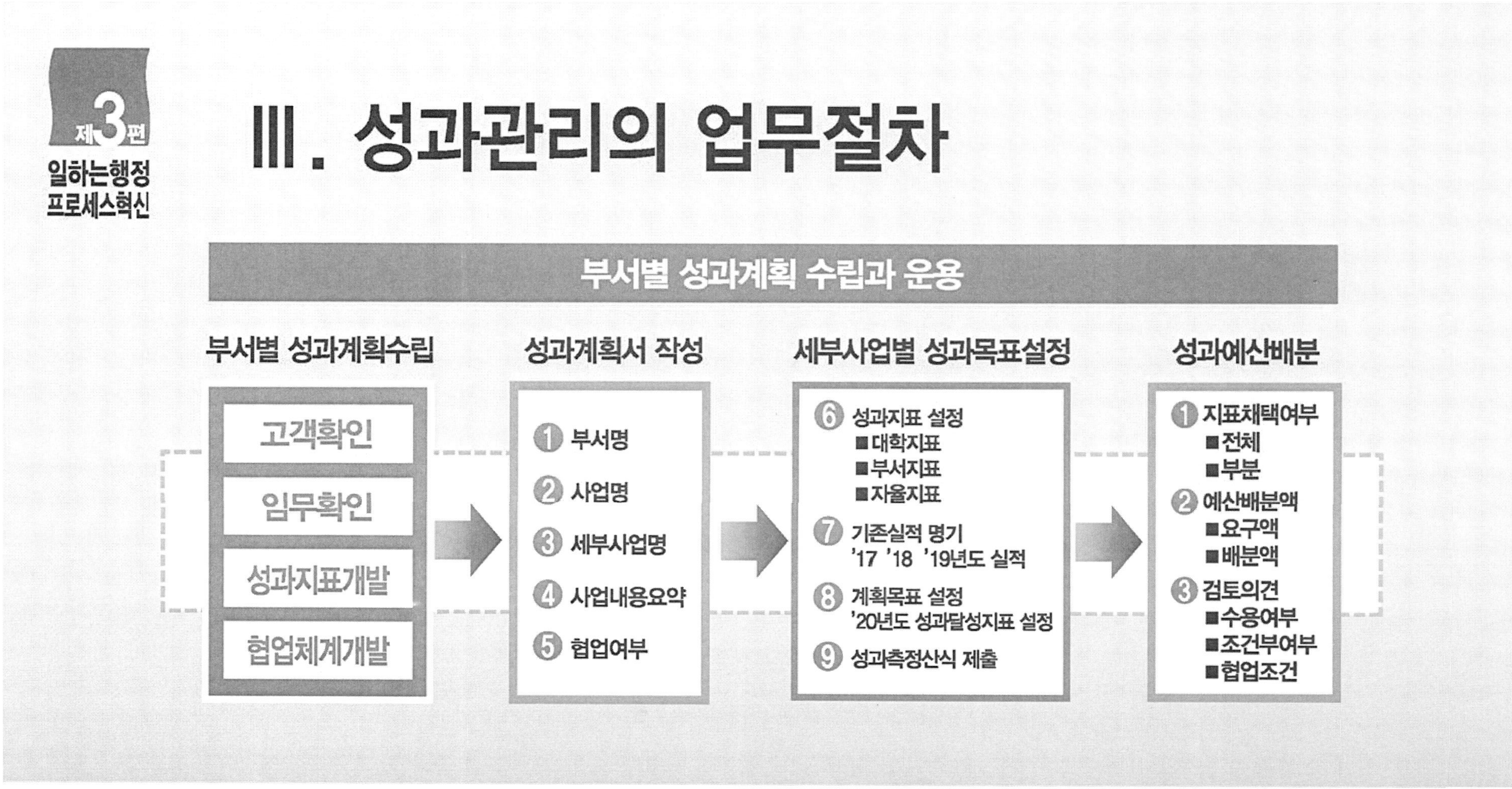
제3편
일하는행정
프로세스혁신
Ⅲ. 성과관리의 업무절차
부서별 성과계획 수립과 운용
부서별 성과계획수립
고객확인
임무확인
성과지표개발
협업체계개발
성과계획서 작성
① 부서명
② 사업명
③ 세부사업명
④ 사업내용요약
⑤ 협업여부
세부사업별 성과목표설정
⑥ 성과지표 설정
■대학지표
■부서지표
■자율지표
⑦ 기존실적 명기
'17 '18 '19년도 실적
⑧ 계획목표 설정
'20년도 성과달성지표 설정
⑨ 성과측정산식 제출
성과예산배분
① 지표채택여부
■전체
■부분
② 예산배분액
■요구액
■배분액
③ 검토의견
■수용여부
■조건부여부
■협업조건

Innovation Scheme 6

제 6 부
愚公移山
전략사업혁신(안)

우공이산 "어떤 일이든 끊임없이 노력하면 반드시 이루어진다"

愚公移山

제 1편

전략사업 혁신총론

Ⅰ. 혁신목표와 방향
Ⅱ. 혁신구조와 절차
Ⅲ. 전략사업유형과 전략기준
Ⅳ. 전략사업유형 개발
Ⅴ. '전략사업본부' 설립운영안

제 2편

대내전략 사업혁신

Ⅰ. 대내혁신방향
Ⅱ. 생활협동조합사업
Ⅲ. 기숙사사업
Ⅳ. 평생교육원사업
Ⅴ. 컨벤션사업(학내)
Ⅵ. 즐거운 캠퍼스사업

제 3편

대외전략 사업혁신

Ⅰ. 대외혁신방향
Ⅱ. 공동주택시행업
Ⅲ. 컨벤션사업(지역)
Ⅳ. 웰니스 실버컴플렉스 사업
Ⅴ. 아시안-힐 글로벌타운 사업
Ⅵ. ○○대학 인수사업

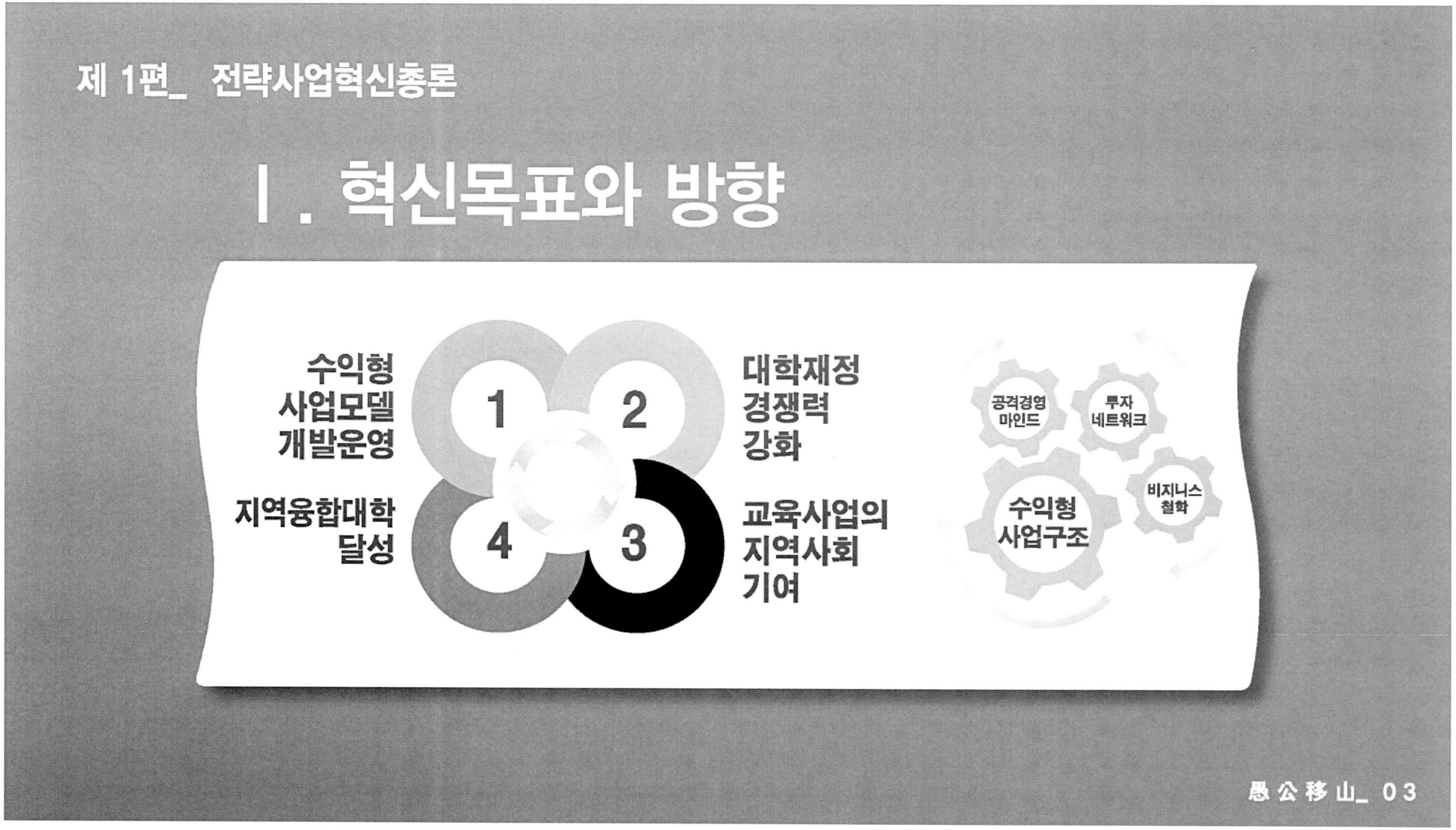
제 1편_ 전략사업혁신총론
Ⅰ. 혁신목표와 방향
수익형
사업모델
개발운영
1
2
대학재정
경쟁력
강화
지역융합대학
달성
4
3
교육사업의
지역사회
기여
공격경영
마인드
투자
네트워크
수익형
사업구조
비지니스
철학
愚公移山_ 03

Ⅱ. 혁신구조와 절차

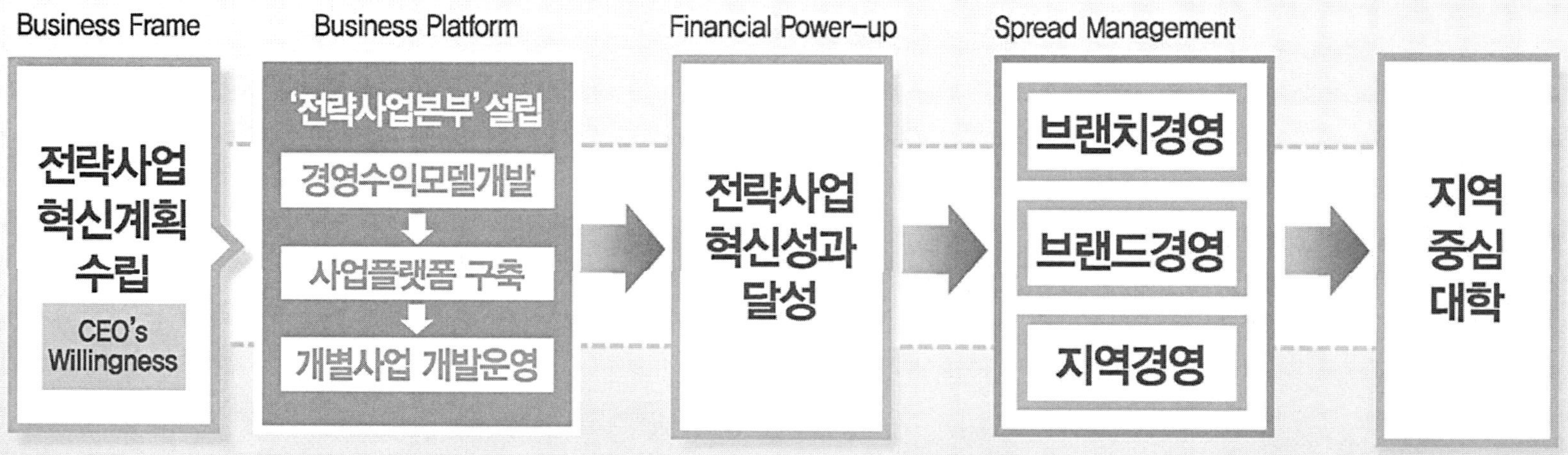
Business Frame
Business Platform
Financial Power-up
Spread Management
전략사업 혁신계획 수립
CEO's Willingness
'전략사업본부' 설립
경영수익모델개발
사업플랫폼 구축
개별사업 개발운영
전략사업 혁신성과 달성
브랜치경영
브랜드경영
지역경영
지역 중심 대학

Ⅲ. 전략사업유형과 전략기준

1 전략사업유형 3D모델 Tri-dimensional Model

□색은 적극개발유형 Ⅰ, Ⅱ, Ⅴ, Ⅵ
■색은 개발가능유형 Ⅲ, Ⅳ, Ⅶ
■색은 개발포기유형 Ⅷ

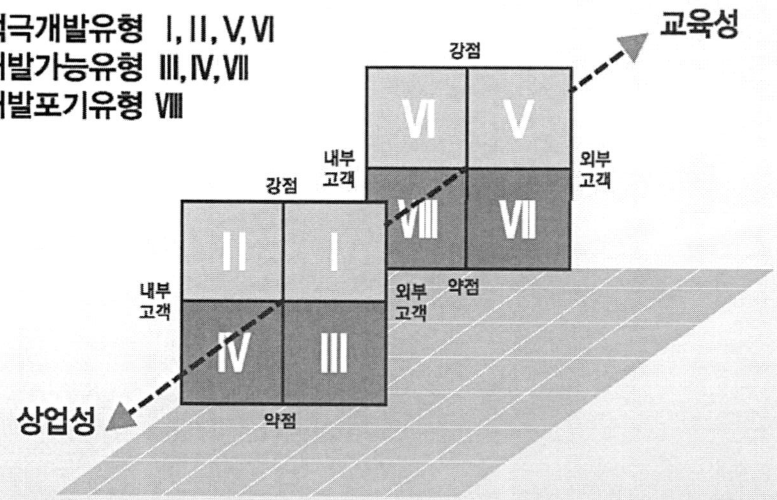

1-D 고객분석: 외부고객 ⟷ 내부고객
2-D 대학역량: 강점 ⟷ 약점
3-D 경영이념: 상업성 ⟷ 교육성

강점요소	가용부지, 신뢰성, 내부고객확보 부산시정책연계, 투자유치가능성
약점요소	투자금부족, 사업마인드부족 사업경험 무, 사업인력 및 전략 무

Ⅲ. 전략사업유형과 전략기준

2 전략사업유형화와 전략적 선택

■ 전략사업유형화

	I-D (고객)	2-D (역량)	3-D (이념)	개발가능성	개발자원전략 (사업주체)	개발자원전략 (투자주체)	개발자원전략 (운영인력)
Ⅰ-type	외부	강점	상업성	개발	In	In-out	In
Ⅱ-type	내부	강점	상업성	개발	In	In	In
Ⅲ-type	외부	약점	상업성	가능	In-out	Out	In-out
Ⅳ-type	내부	약점	상업성	가능	In	In-out	In
Ⅴ-type	외부	강점	교육성	개발	In	Out	In-out
Ⅵ-type	내부	강점	교육성	개발	In	In	In
Ⅶ-type	외부	약점	교육성	가능	Out	Out	In-out
Ⅷ-type	내부	약점	교육성	포기	In-out	Out	In-out

Ⅲ. 전략사업유형과 전략기준

2 전략사업유형화와 전략적 선택

■ 전략적 선택

	전략	적용사업유형
1	Out-Sourcing Strategy	Ⅲ-type, Ⅴ-type, Ⅶ-type, Ⅷ-type
2	In-Sourcing Strategy	Ⅱ-type, Ⅳ-type, Ⅵ-type
3	In/Out-Sourcing Strategy	Ⅰ-type
4	Claud Funding Strategy	Ⅵ-type을 비롯한 모든 유형
5	Collabouring Strategy	Ⅰ-type, Ⅲ-type, Ⅳ-type, Ⅴ-type, Ⅶ-type
6	Segmentation Strategy	Ⅰ-type, Ⅱ-type
7	Privatization Strategy	Ⅰ-type, Ⅱ-type, Ⅲ-type, Ⅳ-type, Ⅷ-type
8	Publicity Strategy	Ⅴ-type, Ⅵ-type, Ⅶ-type, Ⅷ-type
9	Contracting Strategy	Ⅰ-type, Ⅱ-type, Ⅲ-type, Ⅳ-type

Ⅳ. 전략사업유형 개발

구분	사업명	사업유형	사업주체
학내	생활협동조합사업	Ⅵ-type	대학, 생협
학내	기숙사사업	Ⅱ-type	생협, 대학
학내	평생교육원사업	Ⅰ-type	대학, 용역
학내	컨벤션사업(학내)	Ⅳ-type	생협, 특목
학내	즐거운캠퍼스사업	Ⅱ-type	생협
지역	공동주택시행업	Ⅰ-type	특목
지역	컨벤션사업(지역)	Ⅲ-type	특목, 투자
지역	웰니스 실버컴플렉스사업	Ⅰ-type	특목, 투자, 법인
지역	아시안-힐 글로벌타운 사업	Ⅴ-type	부산시, 위탁
지역	OOO대학 인수사업	Ⅵ-type	법인, 대학

1) '생협'은 생활협동조합을 말함
2) '용역'은 외부기관 및 주체들에 교육서비스 역할을 제공하는 것
3) '특목'은 법인을 비롯한 외부투자자를 포함하는 복수의 투자자로 구성된 특수목적법인
4) '투자'는 내부구성원으로 이루어진 엔젤투자조합
5) '위탁'은 공공기관이 투자하고 개발한 시설물을 수탁하는 경영위탁사업

V. '전략사업본부' 설립운영안

1 '전략사업본부' 설립안

설립목적

대학의 에너지와 자원을 총체적으로 결집시켜 경영마인드와 비지니스마인드에서 학내외에 시행할 수 있는 경영수익사업을 적극적으로 발굴하여 운영함으로써 대학재정력의 극대화를 이루기 위함

기구설치

총장직속의 1본부, n사업단, 1전략사업지원팀

운영방안

- 본부장과 사업단장은 가급적 외부인사를 영입하여 대외협력부총장 직위를 부여함. 이들은 철저하게 책임경영을 하도록 하고, 영업이익이라는 기준에서 성과를 측정
- 전략사업지원팀은 본부장을 보좌하여 전략사업개발 및 사업단운영지원 업무를 맡고, 가급적 외부인사로 충원하되 계약직으로 고용
- 사업단의 운영은 사업단장의 책임하에 자율적인 독립경영체제를 갖춤

전략사업본부 기구표

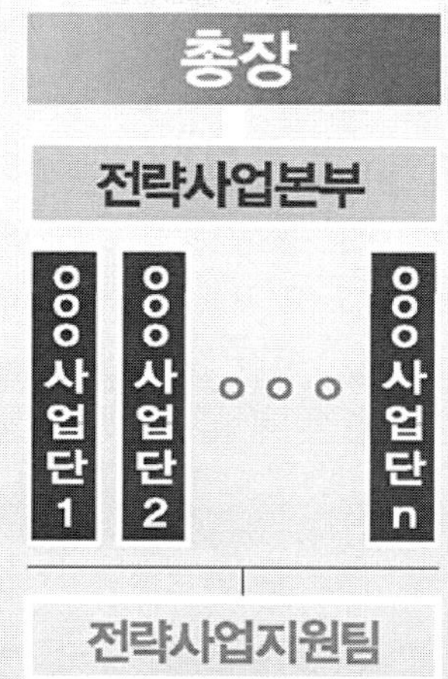

Ⅰ. 대내혁신방향

고객확인	내부고객이 주요 타깃이며, 점차로 외부고객도 확보
임무확인	내부의 필수적인 교육서비스이지만 여기에 비지니스마인드를 접목시켜 경영수익성을 최대화시키는 동시에 내부적 교육서비스의 질을 향상시켜야 함
적용전략	In/Out-Sourcing, Claud Funding, Collabouring, Segmentation, Privatization, Contracting
적용사업	생활협동조합사업, 기숙사사업, 평생교육원사업, 컨벤션사업(학내), 즐거운캠퍼스사업
주요쟁점	교육서비스공급이 반드시 교육적 관점에서만 이루어지는 것이 아니라 제로베이스에서 경영수익적 관점으로 전화될 필요가 있음

II. 생활협동조합사업

사업유형 VI-Type

사업주체 대학, 생협

핵심전략 In-Sourcing, Claud Funding, Publicity

자원전략

(사업주체)	(투자주체)	(운영인력)
In	In-Out	In

사업내용

- 생협은 대학구성원들이 자발적이고 독립적으로 출자하고 운영하는 비영리공익법인으로 맞춤형 복지서비스의 제공
- 우리대학의 경우 구매와 조달 및 용역 위탁과정에서 발행하는 비합리적 요소가 매우 크기 때문에 조속한 생협의 설립이 시급함
- 생협의 역할과 영역은 (1)학내후생시설 운영관리, (2)대학의 구매, 조달, 용역 위탁사업에서의 주관시행, (3)건물관리수선, 기숙사관리, 방호시스템 설치관리, (4)학내창업 투자관리 등으로 확대해야 함

주요쟁점

- 학내의 필수적 비용지출을 줄이고, 학내사업시설을 효율적으로 운영하며, 경영마인드에서의 사업시설 등을 개발운영하여야 함
- 기득권자의 반발이 강할 것으로 예상되나 강력히 추진해야 함
- 그 결과는 대학재정건전성과 재투자재원 확보로 이어짐

Ⅲ. 기숙사사업

사업유형 Ⅱ-Type

사업주체 생협, 대학

핵심전략 In-Sourcing, Segmentation, Privatization, Contracting

자원전략

(사업주체)	(투자주체)	(운영인력)
In	In	In

사업내용

- 현재 수용가능인원 1,200명(초기 입실율 100%, 중간공실율 4.16%), 백양관 500명, 글로벌관 700명
- 기숙사 미입사자 최소 200명, 대학근처원룸거주 유학생 300명, 내국인 500명,
  2021년 3월 80명 증가수요예측, 2021년 9월 200명 증가수요예측
- 기숙사 연도별 미입사자 연간 200~400명, 부산지역거주 기숙사입사 희망인원 300명
- 현재 기숙사 총매출액 연 30억원, 실매출액 15억원(식비 제외)
- 따라서 기숙사의 건립필요성은 매우 시급하고 중대함

주요쟁점

- 기숙사건립 재원의 부족으로 이제 교육적 차원을 넘어서 비지니스 관점에서 다루어야 함
- 미래수요와 복합적 활용방안을 고려하여 적극적인 아웃소싱 방식으로 기숙사사업을 개발, 영위해야 함

Ⅳ. 평생교육원사업

사업유형 Ⅰ-Type

사업주체 대학, 용역(수탁)

핵심전략 In/Out-Sourcing, Claud Funding, Collabouring, Privatization, Segmentation

자원전략

(사업주체)	(투자주체)	(운영인력)
In	In-Out	In

사업내용

- 평생교육원의 프로그램을 다양화하고 프로젝트형의 사업프로그램 및 사업프로젝트를 개발해야 함
- 비지니스 마인드에서 지금의 방만경영을 철폐해야 하며 동시에 새로운 수익원을 발굴해야 함
- 향후 노인대학을 설립하여 10,000명 이상의 학생을 모집운영해야 함.
- 일단 학내 중심의 시설과 자원을 활용하여 설립하고, 향후 외부기관과의 콜라보 방식을 활용할 필요도 있고, 종국적으로 실버컴플렉스 사업을 염두에 두고 확대운영하여야 함

주요쟁점

- 사업화와 확산전략이 중요
- 향후 대학의 전략사업 기간이 됨

愚公移山_ 13

V. 컨벤션사업(학내)

사업유형 Ⅳ-Type

사업주체 생협, 특목

핵심전략 In-Sourcing, Claud Funding, Collabouring, Privatization, Contracting

자원전략		
(사업주체)	(투자주체)	(운영인력)
In	In-Out	In

사업내용

- 학내 의생명과학관 뒷편 동산이 설립부지로 적합
- 상정된 전략사업, 특히 즐거운 캠퍼스사업과 실버컴플렉스사업 및 생협사업과의 공동후방효과가 큰 사업임
- 가능시설로는 회의장, 예식장, 호텔, 레크레이션시설, 레스토랑, 로드샵 등이 있음
- 투자재원 부족시에 분양, 임대사업으로 추진함

주요쟁점

- Difusion효과와 Secondary효과가 매우 큼

Ⅵ. 즐거운 캠퍼스사업

사업유형	II-Type
사업주체	생협
핵심전략	In-Sourcing, Segmentation, Privatization, Contracting

자원전략

(사업주체)	(투자주체)	(운영인력)
In	In	In

사업내용

- 캠퍼스에 학생이 머물고 싶은 프로그램과 시설을 개발하는 사업
- 가능시설로는 도서관형 카페, 게임방, 당구장, 미니영화관 등
- 프로그램 개발은 취미주제의 학생동아리 활동과 연계하여 개발
- 학생충원율 지표향상에 관련된 사업임

주요쟁점

- 학생수요조사를 통해 원하는 시설과 프로그램을 개발하여 경영수익을 창출해야 함

Ⅰ. 대외혁신방향

고객확인	외부고객이 주요 타깃이며, 운영인력에 최대한 내부고객을 인소싱함
임무확인	대학의 내부역량을 최대한 결집시키고 부족한 역량은 아웃소싱을 통하여 보완하며 비즈니스마인드에서 경영수익사업을 적극 개발운영함으로써 대학재정구조의 패러다임을 변화시켜 대학의 재정력과 건정성을 혁신적으로 고양시켜야 함
적용전략	Out-Sourcing, Claud Funding, Collabouring, Publicity, Segmentation
적용사업	공동주택시행업, 컨벤션사업(지역), 웰니스 실버컴플렉스사업, 아시안-힐 글로벌타운사업
주요쟁점	대학경영의 패러다임을 교육적관점과 내부적관점에서 비지니스관점과 외부적관점으로 변환시켜야 함

愚公移山_ 16

II. 공동주택시행업

사업유형 Ⅰ-Type

사업주체 특목

핵심전략 In/Out-Sourcing, Claud Funding, Collabouring, Segmentation, Privatization, Contracting

자원전략

(사업주체)	(투자주체)	(운영인력)
In	In-Out	In

사업내용

- 대학입구매축지, 한전인근부지 등이 적합지로 판단됨
- 법인이 특수목적법인을 설립하여 직접 시행업을 운영해야 함
- 인허가관련업무를 직접 수행하는데에 한계가 있다면, 이를 위탁시행하면 됨
- 임대형인지 고급형인지는 Segmentation전략에 따라 판단해야 함, 또한 이때 실현가능성이 주요 변수임.
- 시행업 재원은 금융권 담보가 충분하기 때문에 은행의 PF를 활용할 수 있음

주요쟁점

- 사업시행의 한계요소들을 적극 뛰어넘으려는 사업의지가 중요

제3편 대외전략 사업혁신

Ⅲ. 컨벤션사업(지역)

사업유형 Ⅲ-Type

사업주체 특목, 투자

핵심전략 Out-Sourcing, Claud Funding, Collabouring, Privatization, Contracting

자원전략

(사업주체)	(투자주체)	(운영인력)
In-Out	Out	In-Out

사업내용

- 사상중심지역에 고급형 컨벤션 건축물을 신축 또는 적합한 건축물을 리모델링 함
- 대학브랜드 제고효과와 경영수익효과가 큰 사업임
- 투자재원은 분양과 임대를 통한 직접조달방식과 아웃소싱을 통한 간접조달방식이 있음
- 가능시설로는 회의장, 예식장, 분양형호텔, 고급원룸, 고급형기숙사 등이 있음
  동시에 수익성 높은 상업시설을 직접 운영할 수도 있음

주요쟁점

- 철저한 사업분석과 사업의지를 가진 뒤 실행여부를 판단해야 함
- 수익모델 개발이 중요함

愚公移山_ 18

Ⅳ. 웰니스 실버컴플렉스 사업

사업유형 Ⅰ-Type

사업주체 특목, 투자, 법인

핵심전략 In/Out-Sourcing, Claud Funding, Collabouring, Segmentation, Privatization, Contracting

자원전략

(사업주체)	(투자주체)	(운영인력)
In	In-Out	In

사업내용

- 사상공원 인근의 학내부지(10만평)와 사상공원부지(30만평)
- 항노화, 실버, 은퇴자, 웰빙, 웰니스라는 키워드를 결합하여 사업구상
- 사상공원부지 활용시설로는 항노화파크, 항노화로드, 식스홀골프장과 야외골프연습장, 항노화테크노파크 등 부산시의 정책사업으로 개발하고 우리대학이 위탁경영하는 사업플랫폼
- 우리대학부지 활용시설로는 고급형실버텔, 고품격의료 및 항노화서비스센터, 쓰리홀골프장, 항노화산업기술교육센터, 고품격테라피시설과 프로그램, 평생교육원 및 노인대학과 연계한 수익형 프로그램 등

주요쟁점

- 대학브랜드, 학생충원율과 취업율, 경영수익성 제고와 관계성이 높은 사업임
- 발상의 전환을 통해 적극적 행보를 함으로써 대학위상과 존립기반을 획기적으로 강화하는 사업임

V. 아시안-힐 글로벌타운 사업

사업유형 V-Type

사업주체 부산시, 위탁기관(OO대학교)

핵심전략 Out-Sourcing, Collabouring, Publicity

자원전략

(사업주체)	(투자주체)	(운영인력)
In	Out	In-Out

사업내용

- 우리대학인근의 백양로에 소재한 태능자원을 포함한 사상공원부지 3만평
- 부산시의 정책사업으로 개발하고 우리대학이 위탁경영하는 사업플랫폼
- 주요시설로는 부산에 설립된 각국 영사관 설립부지 제공, 각국 전통레스트랑, 글로벌센터, 글로벌스트리트 등
- 우리대학은 글로벌센터를 위탁경영함
- 지역밀착형 사업으로 우리대학이 수탁하여 경영할 경우, 대학브랜드제고와 대학의 지역접촉면을 확대할 수 있는 기회

주요쟁점

- 지역사회와의 밀접성과 관련성을 확대하는 것이 대학의 생존과 지역사회중심대학으로의 지향에 주요한 전제조건

Ⅵ. OO대학 인수사업

사업유형	Ⅵ-Type	자원전략		
사업주체	법인, 대학	(사업주체)	(투자주체)	(운영인력)
핵심전략	In-Sourcing	In	In	In

사업내용

- 대략 130억원 정도를 인수대금으로 예정하고 있음
- 우리대학이 인수할 경우 우리대학의 충원률과 규모의 경제효과에 큰 공헌
- 인수대금 지불은 연부연납이 가능하며, 일단 약간의 적립금으로 인수가 가능함.
  인수후 경영결과를 통해 자금조성이 가능
- 향후 OO대학을 우리대학 인근부지로 이전시킴
  이전적지는 공동주택시행업을 통해 막대한 수익창출이 가능한 지역

주요쟁점

- 장기적 관점과 법인의 관점에서 적극 고려할 필요가 있음

혁신1라운드 6대 연구과제와 팀구성

1	연구총괄팀	4	부속부설기관혁신방안연구팀
2	재정혁신방안연구팀	5	행정혁신방안연구팀
3	학사구조교육과정혁신방안연구팀	6	전략사업혁신방안연구팀

혁신2라운드 10대 실행과제와 팀구성

1. 성과예산제도실행팀
2. 혁신구매제도실행팀
3. 학사구조조정실행팀
4. 교육과정개편실행팀
5. 부속부설기관혁신팀
6. 일하는행정시스템혁신팀
7. 전략사업개발팀
8. 대학브랜드홍보개발팀
9. 혁신제도화특별위원회
10. 성과혁신관리특별위원회

대학혁신론

저　자　류재현(신라대학교 교수)

가격　**50,000원**
ISBN-9791188425112
발행일　2020년 8월 15일

발행처　**초아출판사**
서울특별시 성북구 정릉로 36길 41
대표전화　070-8739-0036
팩　　스　0504-178-5627

· 특강 문의는 저자의 휴대전화(010-5507-5046)로 문의바랍니다.